MARCO POLO

LUXEMBURG

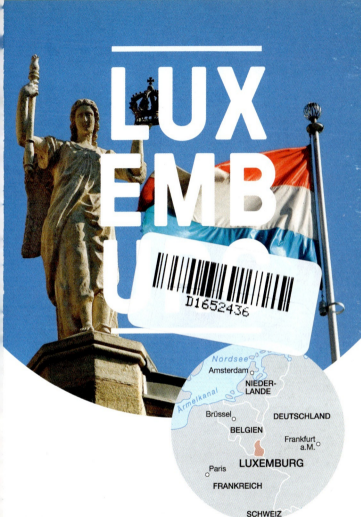

MARCO POLO AUTOR
Wolfgang Felk
Als TV-Reporter bereiste Wolfgang Felk von Saarbrücken aus ganz Europa, aber auch im nahen Großherzogtum Luxemburg ist er regelmäßig unterwegs. Gute Freunde lockt der Autor – nach der obligatorischen Hauptstadttour – am liebsten in eine kleine Dorfwirtschaft in die Ardennen. Oder in die zauberhafte Felsenwelt des Müllerthals, „wo das grüne Herz des Landes schlägt".

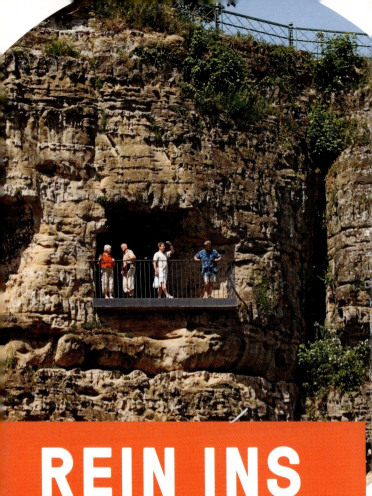

REIN INS ERLEBEN

Mit dem digitalen Service von MARCO POLO sind Sie noch unbeschwerter unterwegs: Auf den Erlebnistouren zielsicher von A nach B navigieren oder aktuelle Infos abrufen – das und mehr ist nur noch einen Fingertipp entfernt.

Hier geht's lang zu den digitalen Extras:

http://go.marcopolo.de/lux

 Touren-App

Ganz einfach orientieren und jederzeit wissen, wo genau Sie gerade sind: Die praktische App zu den Erlebnistouren sorgt dank Offline-Karte und Navigation dafür, dass Sie immer auf dem richtigen Weg sind. Außerdem zeigen Nummern alle empfohlenen Aktivitäten, Genuss-, Kultur- und Shoppingtipps entlang der Tour an.

Update-Service

Immer auf dem neuesten Stand in Ihrer Destination sein: Der Online-Update-Service bietet Ihnen nicht nur aktuelle Tipps und Termine, sondern auch Änderungen von Öffnungszeiten, Preisen oder anderen Angaben zu den Reiseführerinhalten. Einfach als PDF ausdrucken oder für Smartphone, Tablet oder E-Reader herunterladen.

HTTP://GO.MARCOPOLO.DE/LUX

6 INSIDER-TIPPS
Von allen Insider-Tipps finden Sie hier die 15 besten

8 BEST OF …
- 🟢 Tolle Orte zum Nulltarif
- 🔵 Typisch Luxemburg
- 🟠 Schön, auch wenn es regnet
- 🟣 Entspannt zurücklehnen

12 AUFTAKT
Entdecken Sie Luxemburg!

18 IM TREND
In Luxemburg gibt es viel Neues zu entdecken

20 FAKTEN, MENSCHEN & NEWS
Hintergrundinformationen zu Luxemburg

26 ESSEN & TRINKEN
Das Wichtigste zu allen kulinarischen Themen

30 EINKAUFEN
Shoppingspaß und Bummelfreuden

32 STADT LUXEMBURG UND UMGEBUNG

54 IM TAL DER SAUER
- 54 Echternach
- 60 Müllerthal
- 62 Naturpark Obersauer

66 IN DEN ARDENNEN
- 67 Clervaux
- 71 Vianden
- 76 Wiltz

SYMBOLE
- **INSIDERTIPP** Insider-Tipp
- ★ Highlight
- 🟢🔵🟠🟣 Best of …
- ☼ Schöne Aussicht
- 🌱 Grün & fair: für ökologische oder faire Aspekte
- (*) kostenpflichtige Telefonnummer

PREISKATEGORIEN HOTELS
- €€€ über 165 Euro
- €€ 135–165 Euro
- € bis 135 Euro

Preise für ein Doppelzimmer mit Frühstück

PREISKATEGORIEN RESTAURANTS
- €€€ über 35 Euro
- €€ 25–35 Euro
- € bis 25 Euro

Preise für ein Hauptgericht

Titelthemen: Pinot blanc und das Europa ohne Grenzen S. 88 | Abenteuer im Müllerthal S. 60, 103

INHALT

78 **DER SÜDEN**
80 Esch-sur-Alzette

86 **AN DER MOSEL**

94 **ERLEBNISTOUREN**
94 Luxemburg perfekt im Überblick
98 Mit dem Rad um die Hauptstadt
101 Im Tal der Sieben Schlösser
103 Durch das wilde Müllerthal

110 **MIT KINDERN UNTERWEGS**
Die besten Ideen für Kinder

114 **EVENTS, FESTE & MEHR**
Alle Termine auf einen Blick

116 **LINKS, BLOGS, APPS & CO.**
Zur Vorbereitung und vor Ort

118 **PRAKTISCHE HINWEISE**
Von A bis Z

122 **REISEATLAS**

106 **SPORT & WELLNESS**
Aktivitäten und Verwöhnprogramme zu jeder Jahreszeit

134 **REGISTER & IMPRESSUM**

136 **BLOSS NICHT!**

GUT ZU WISSEN
Geschichtstabelle → S. 14
Spezialitäten → S. 28
Das vereinte Europa → S. 37
Bücher & Filme → S. 44
Springprozession → S. 59
Uni international → S. 82
Feiertage → S 115
Was kostet wie viel? → S 119
Wetter → S. 120

KARTEN IM BAND
(124 A1) Seitenzahlen und Koordinaten verweisen auf den Reiseatlas
(U A1) Koordinaten für die Karte von Luxemburg-Stadt im hinteren Umschlag
(0) Ort/Adresse liegt außerhalb des Kartenausschnitts
Es sind auch die Objekte mit Koordinaten versehen, die nicht im Reiseatlas stehen
Karte Centre Européen → S. 41

(🕮 A–B 2–3) verweist auf die herausnehmbare Faltkarte
(🕮 a–b 2–3) verweist auf die Zusatzkarte auf der Faltkarte

UMSCHLAG VORN:
Die wichtigsten Highlights

UMSCHLAG HINTEN:
Karte von Luxemburg-Stadt

Die besten MARCO POLO Insider-Tipps

Von allen Insider-Tipps finden Sie hier die 15 besten

INSIDER TIPP Tagträumen ...

... können Sie wunderbar am *Stierchen,* einer Brücke im Tal der Alzette. Hier vereinen sich Fluss, Felsen und blühende Gärten zum romantischsten Winkel der Hauptstadt → S. 38

INSIDER TIPP After-Work-Kultur

Zu coolen Drinks können Sie einmal im Monat bei *CeCiL's Afterwork* im Cercle Cité in der Hauptstadt kostenlos Musik, Theater und Performances von Luxemburger Künstlern genießen → S. 37

INSIDER TIPP Typisch und originell

Das perfekte Mitbringsel aus Luxemburg? Im *Luxembourg House* in Luxemburg-Stadt und bei *100% Luxembourg* in Grevenmacher werden Sie bestimmt fündig! → S. 30, 31

INSIDER TIPP Zu Fuß durchs wilde Müllerthal

Jeden Donnerstag gibt es *geführte Wanderungen* durch die Felslandschaft (Foto re.) um die Heringer Millen → S. 60

INSIDER TIPP Luxus pur

Gönnen Sie sich ein Wochenende in einer der schönen Luxusherbergen der Hauptstadt wie dem *Le Place d'Armes,* einer Wohlfühloase in historischem Ambiente, oder im *Maho Rive Droite,* einer kleinen grünen Oase in der Unterstadt → S. 52

INSIDER TIPP Sing by foot

Wandern und singen: eine tolle Kombination für alle, die gut zu Fuß und (etwas) musikalisch sind → S. 109

INSIDER TIPP Juhe ade

Die Jugendherbergen von Luxemburg gehören zu den modernsten in Europa. In schickem Ambiente bieten sie Komfort zum kleinen Preis, z. B. in *Echternach* → S. 59

INSIDER TIPP Natur pur für alle

Vögel beobachten, durchs neue Biodiversum flanieren und danach im Baggersee baden – das Naturschutzgebiet *Haff Réimech* hat alles für einen perfekten Tag an der Mosel → S. 89

INSIDER TIPP Bikerhotel

Das Hotel *De la Sûre* in Esch-sur-Sûre ist ein Paradies für Biker mit und ohne Motor. Auch sonst hat das rührige Team viele Ideen für seine Gäste und abends kommt Leckeres aus dem Naturpark Obersauer auf den Tisch → S. 64

INSIDER TIPP Schlemmen auf dem Land

Etwa im charmanten *Manoir Kasselslay* in den Ardennen oder im schicken Ökohotel *Ecluse* an der Mosel → S. 69, 92

INSIDER TIPP Stadtrundgang für Kinder

Bei der *City Promenade for Kids* geht es durch Altstadt und Festungsgemäuer in Luxemburg-Stadt. Aufregend und kurzweilig wie eine Schnitzeljagd → S. 110

INSIDER TIPP Schlossführung mit Likör

Wie lebt es sich in einem Renaissanceschloss? In *Beaufort* einfach märchenhaft! → S. 62

INSIDER TIPP Ostern mal anders

Beim *Éimaischen* am Ostermontag pfeifen Kinder und Verliebte in Luxemburg-Stadt und im Töpferdorf Nospelt auf Tonvögeln um die Wette. Angeblich haben inzwischen fast alle Luxemburger einen solchen Vogel → S. 114

INSIDER TIPP Kernige „Ge-Nüsse"

Auf dem herbstlich-bunten *Nussmarkt* in Vianden bekommen Sie Nusslikör, Nussbrot und Nusspaté. Hergestellt werden die Leckereien aus frisch geernteten Walnüssen aus dem lieblichen Tal der Our → S. 115

INSIDER TIPP Luxemburg futuristisch

Auf dem Kirchberg haben sich die besten zeitgenössischen Architekten mit imposanten Bauwerken verewigt. Vor allem die *Gebäude der Banken* bestechen durch Phantasie und Eigenwilligkeit. Gehen Sie auf eine spacige Entdeckungstour durch diesen Mikrokosmos am Rand der Stadt (Foto li.) → S. 41

BEST OF ...

TOLLE ORTE ZUM NULLTARIF
Neues entdecken und den Geldbeutel schonen

SPAREN

● *Musik satt*
Pop, Jazz, Klassik, Blasmusik – an der place d'Armes in Luxemburg-Stadt finden im Sommer jeden Tag kostenlose *Open-Air-Konzerte* statt. Und auch in der kalten Jahreszeit kommen Sie in Musikgenuss, ohne dafür bezahlen zu müssen: Von Oktober bis März gibts zweimal im Monat ein *Mittagskonzert* an verschiedenen Schauplätzen in der Stadt (Foto) → **S. 48**

● *Abends im Museum*
Luxemburg-Stadt hat zahlreiche hochkarätige Ausstellungen zu bieten. Und wenn Sie zur rechten Zeit kommen, besichtigen Sie einige davon sogar kostenlos. Bei den *nocturnes gratuites* ist der Eintritt in Kasino, Nationalmuseum, Mudam und weiteren Häusern an einem Abend der Woche frei → **S. 48**

● *Trekkingoutfit testen*
In das wilde Wandergebiet im Müllerthal können Sie zur Not mit High Heels oder Flipflops anreisen. Denn im *Tourist-Center Heringer Millen* leiht man Ihnen ohne Gebühr eine schicke Wanderausrüstung zum Outdoor-Härtetest auf dem Müllerthal-Trail → **S. 60**

● *Mit dem Bus durchs Nachtleben*
Barhopping in Luxemburg-Stadt ist eine günstige Angelegenheit – zumindest was die Beförderung angeht. Der *Citynightbus* bringt Sie kostenlos zu allen Hotspots. Das gesparte Geld fürs teure Taxi lässt sich dort sicher besser anlegen → **S. 51**

● *Radeln in der Red-Rock-Region*
Leihen Sie sich in Esch-sur-Alzette bei *Vel'OK* umsonst ein Fahrrad und erkunden Sie die Stadt und ihre Umgebung! Zum Beispiel das neue, hippe Stadtviertel Belval → **S. 84**

● *Europa kompakt*
Im *Musée Européen Schengen* im „Europadorf" an der Mosel entdecken Sie die Europäische Union multimedial und ohne Eintritt → **S. 89**

●●●● Diese Punkte zeichnen in den folgenden Kapiteln die Best-of-Hinweise aus

TYPISCH LUXEMBURG
Das erleben Sie nur hier

● *Royal Glamour bestaunen*
Wenn der große Fackelzug am Vorabend des *Nationalfeiertags* an der Tribüne mit der Großherzoglichen Familie vorbeidefiliert, zeigt die Minimonarchie ihren ganzen Glanz. Im normalen Alltag ist der brave Wachsoldat vor dem *Palais Grand-Ducal* zuständig für Royal Glamour en miniature → S. 44, 114

● *Polyglottes Palaver auf dem Markt*
Hier schlägt das Herz des kleinen Landes: Auf der *place Guillaume II* verbünden sich an den Markttagen das ländliche und das polyglotte Luxemburg zu munterem Palaver bei Moselwein und Ardenner Schinken → S. 45

● *Lëtzebuergesch im Gasthaus live erleben*
Wenn Sie sich gern einmal ungestört dem klangvollen Singsang der Luxemburger Sprache hingeben möchten, sollten Sie in den urigen Lokalen *Bistro de la Presse* und *Um Dierfgen* Mäuschen spielen, wenn sich bei einem Pättchen Elbling die letzten Originale der Stadt um den Tresen scharen → S. 48, 49

● *Basilika von Echternach*
St. Willibrord und seine Nachfolgemönche gehören zu den geistigen Vätern von Luxemburg. In der *Basilika St. Willibrord* (Foto) spüren Sie dem Leben des Heiligen nach – und dem Mysterium der legendären, weltweit einmaligen Springprozession → S. 56

● *Mit der Dampflok durch den Industriepark*
Im Süden des Landes waren die Arbeiter der Eisenhütten und die Bergleute der Erzgruben zu Hause. Im heutigen Industriepark *Fond-de-Gras* tuckern Sie mit einem Grubenbähnchen oder einer Dampflok durch ein ehemaliges Abbaugebiet → S. 84

● *Rauf auf die Luxem-Burgen*
Typisch Luxemburg? Das sind doch wohl seine zahlreichen Burgen! Rund 20 stehen im ganzen Land zur Auswahl. Es müssen also nicht immer Vianden oder Bourscheid sein. Die große Burganlage von *Clervaux* etwa ist nicht nur selbst eine Augenweide, sie zeigt in ihrem Burgenmuseum auch gleich ein paar Modelle der wichtigsten Burg9anlagen des Landes → S. 68

BEST OF ...

SCHÖN, AUCH WENN ES REGNET
Aktivitäten, die Laune machen

🔸 *Im Bauch der Festung*
In den Höhlen der *Bockkasematten* fühlen Sie sich auch bei schlechtem Wetter gut aufgehoben – wie die Soldaten, die sich hier einst mit Mann und Maus verschanzten, wenn der Feind mal wieder die Festung berannte (Foto) → S. 35

🔸 *Im Ufo baden gehen*
Das *Les Thermes* in der Hauptstadt ist unter vielen bemerkenswerten Erlebnisbädern im Land das originellste: außen wie ein Ufo, innen wie ein großes Fünfzigerjahrekino mit Schwimmbecken! → S. 50

🔸 *Abenteuer in der Mine*
Im *Nationalen Bergbaumuseum Rumelange* rumpeln Sie mit einer alten Grubenbahn in einen Stollen unter Tag und bekommen einen Eindruck davon, unter welch abenteuerlichen Umständen die Bergleute hier einst arbeiteten → S. 85

🔸 *Shoppen am Hochofen*
Auf dem Gelände eines ehemaligen Stahlwerks bei Esch-sur-Alzette entsteht ein supermoderner neuer Stadtteil. Das *Belvalplaza* ist das zentrale Shoppingcenter. Auf mehreren Ebenen können Sie in Boutiquen stöbern und sich in Bars, Restaurants, einem Großraumkino und einem Fitnessstudio die Regenzeit vertreiben → S. 80

🔸 *Zu Gast bei den Schmetterlingen*
Bei den Schmetterlingen im *Jardin des Papillons Grevenmacher* herrscht immer subtropisches Klima, es flirrt und flattert in buntem Reigen über dem üppigen Grün des botanischen Gartens → S. 113

🔸 *Melancholie im Kunstmuseum*
Wenn auf die Glasdächer und Fenster des *Mudam* der Regen peitscht oder Nebel um die Festungsmauern zieht, entfaltet die große Kunstwunderkammer ihren ganz eigenen melancholischen Reiz → S. 41

REGEN

ENTSPANNT ZURÜCKLEHNEN
Durchatmen, genießen und verwöhnen lassen

● *Bar nahe den Wolken*
Möchten Sie mal aus der Vogelperspektive auf die Festungsstadt Luxemburg schauen, dabei einen leckeren Cocktail schlürfen und sich vom Sonnenuntergang in die Dämmerung hineinträumen? Bitte schön: Bar *L'Observatoire*, 8. Stock, Hotel Sofitel Le Grand Ducal → S. 52

● *Ruhe finden in der Kirche*
Die kleinen Kirchen und Kapellen in den Ardennen sind allesamt wunderbare Orte der Ruhe. Zur *Trinitarierkirche* in Vianden gehört ein gotischer Kreuzgang, der zur stillen Einkehr lädt → S. 73

● *Rückzugsort in schönster Natur*
Bourscheid-Plage ist ein Refugium in schönster Natur, das auch dann noch Ruhe ausstrahlt, wenn Sie es bei gutem Wetter mit anderen teilen müssen. Ziehen Sie sich einfach mit einem Buch oder Ihren eigenen Gedanken auf die Liegewiese am Ufer der Sauer zurück → S. 64

● *Bootsfahrt zwischen Weinbergen*
Auf der Mosel wallen die letzten Morgennebel, vor Ihrem Liegestuhl auf dem Sonnendeck ziehen die Weinberge vorbei, der Kellner bringt ein Gläschen Pinot blanc – eine Moseltour auf der *Princesse Marie-Astrid* ist Genuss und Entspannung pur → S. 90

● *Schokolade und Parade*
Im *Chocolate House* direkt vis-à-vis dem Großherzoglichen Palast von Luxemburg-Stadt schlemmen Sie genüsslich riesige Torten und feine Pralinen. Bewegen können sich jetzt andere – z. B. die Wachsoldaten, die vor dem Palast auf und ab paradieren → S. 48

● *Relaxen in Mondorf*
Erschöpft vom Sightseeing? Einfach mal Lust auf einen faulen Tag? Dann ab nach *Mondorf-les-Bains:* Im herrlichen Kurpark kommen Sie schnell zur Ruhe und den Rest besorgen die warmen Thermalquellen und kundige Hände im Beauty- und Wellnessbereich der Domaine Thermal (Foto) → S. 87

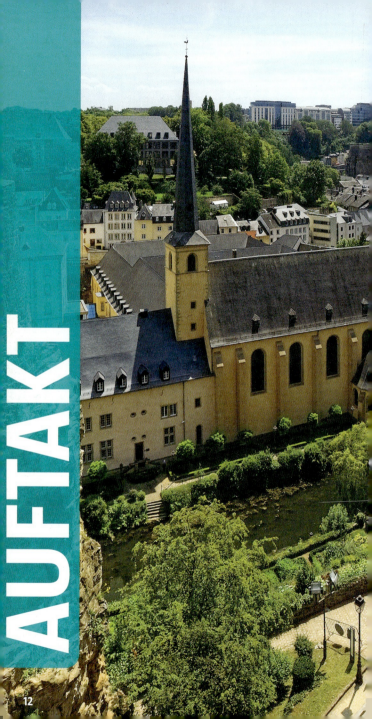

ENTDECKEN SIE LUXEMBURG!

Vor dem Großherzoglichen Palais patrouilliert einsam und unermüdlich ein wackerer Wachsoldat. Er verbreitet einen Hauch von Buckingham Palace im Zentrum der *Minimonarchie*. Direkt gegenüber, auf dem Wochenmarkt der place Guillaume II, gibt sich das ländliche Luxemburg ein Stelldichein: Händler aus dem ganzen Land preisen Hühner, Honig, Gemüse, Käse und Wein aus eigener Produktion an. Und zwei Straßen weiter, im kleinen, feinen Regierungsviertel neben der Kathedrale, fährt eine eskortierte Wagenkolonne vor, der Luxemburger Premier tritt aus seinem Büro, locker begrüßt er einen Staatsgast aus Deutschland oder dem Rest der Welt.

Es liegt alles so *nah beieinander* hier, es ist alles so weltläufig und provinziell zugleich – das macht den ganz eigenen Charme des Großherzogtums aus, mit seiner kleinen, dynamischen Hauptstadt Luxemburg. Schick, leger, gemütlich hat sie sich eingerichtet zwischen alten Festungsanlagen und *futuristischen Glaspalästen*. Vor ihren Toren taucht man schnell ein in ein grünes Reich mit märchenhaften Burgen, schroffen Felsen, tiefen Wäldern, lauschigen Tälern, *verträumten Dörfern*. Gesäumt von den Weinhängen der Mosel und den rostig-romantischen Relikten aus der Kohle- und Stahlzeit. Gespickt mit gewagten Phantasiegebilden renommierter Architekten. Kunst

Bild: Abtei Neumünster an der Alzette im Stadtteil Grund in Luxemburg-Stadt

Klein, aber fein: Das Palais Grand-Ducal ist der Amtssitz des Großherzogs

und Kultur vom Feinsten, höchst Kreatives auch aus den Küchen ausgezeichneter Kochkünstler im ganzen Land. Luxemburg, das ist die *große Welt im kleinen Winkel*. Ein Land für gelassene Genießer, die rustikalen Charme und einen Hauch von Luxus lieben.

> **Luxemburg, das ist die große Welt im kleinen Winkel**

Wenn Sie einen Luxemburger mal so richtig ärgern wollen, dann müssen Sie ihm aber nur dieses auftischen: „Euer kleines Großherzogtum – nette Steueroase, guter Platz für Banken, billiger Ort zum Tanken! Aber sonst ..." Er wird sich auf dem Absatz umdrehen. Oder aber, wenn es einer von der geduldigen Sorte ist, erst mal tief Luft holen und mit einem freundlichen Lächeln zu einem längeren Vortrag anheben. Über die Größe seines Landes bzw. dessen Kleinheit. Über seine Schönheit, seine Vielfalt, seine *Einmaligkeit in Europa*.

2./1. Jh. v. Chr.
Das heutige Luxemburg gehört zum Siedlungsgebiet der Kelten, später zum Römischen Reich

5.–7. Jh.
Einfälle der Franken. Die Römerherrschaft endet. Das Land wird allmählich durch Wandermönche christianisiert

963
Gründung der Stadt Luxemburg („Lucilinburhuc") durch den Ardennergrafen Siegfried

15./16. Jh.
Luxemburg fällt während mehrerer Kriege abwechselnd an Frankreich und das deutsche Kaiserreich und wird schließlich in die

AUFTAKT

Er wird schwärmen von seiner Hauptstadt und ihrer wunderbaren Lage auf einem Sandsteinmassiv hoch über dem Tal der Alzette. Dort auf dem Bockfelsen baute im Jahr 963 der Stadtgründer Graf Siegfried aus den Ardennen seine Lützelburg („kleine Burg"), von der Stadt und Land ihren Namen haben. Von diesem Felsen aus öffnet sich das Panorama auf die Silhouette der *mittelalterlichen Festungsstadt* zwischen Berg und Tal, aber auch auf die moderne Satellitenstadt jenseits des Tals auf dem Kirchberg, wo die EU und die Banken mit ihren futuristischen Renommierpalästen zu Hause sind. Vom Bockfelsen ist es ein Katzensprung in die Altstadt mit dem *Palast des Großherzogs*, der geschäftigen City rings um die beiden Zentren place Guillaume II und place d'Armes, dem großen *Laufsteg der Milieus und Nationen*: Eurokraten, Banker, „echte" Luxemburger und Zuwanderer aus aller Welt. Rund 47 Prozent der luxemburgischen Bevölkerung sind Ausländer, in der Hauptstadt sind es sogar 68 Prozent, Tendenz: weiter steigend!

Die Stadt Luxemburg ist das politische, wirtschaftliche und kulturelle Zentrum des Landes. Doch wer nur die Hauptstadt besucht, der kennt noch lange nicht das ganze Großherzogtum! Man muss auch das Umland erleben, das ebenfalls durch seine *Vielfalt auf kleinem Raum* besticht. Den Norden etwa, die *Ardennen*: ein sanft gewelltes Hochplateau mit tiefen Flusstälern, stillen Dörfern, dichten Wäldern und Burgen, immer wieder Burgen. Oder das *Tal der Mosel*, wo köstlicher Wein gedeiht. In schroffem Kontrast dazu steht der Süden des Landes, die Terres Rouges – das „*Land der roten Erde*" mit seiner Eisenerz- und Hüttenindustrie, die bis zur Stahlkrise in den 1970er- und 80er-Jahren das Schwungrad der Wirtschaft war. Heute wird auf den Industriebrachen in Bildung, Kultur und Natur investiert. In Esch-Belval entsteht ein großer Unicampus, Industriehallen werden zu neuen *Zentren der Kultur* und

spanischen Niederlande integriert

17./18. Jh.
Im „Pyrenäenfrieden" 1659 geht der Süden des Landes an Frankreich. Nach dem Spanischen Erbfolgekrieg 1713 gelangt das ganze Land an Österreich. 1795 wird es von Frankreich zurückerobert

19. Jh.
1815 kommt das Land durch die Beschlüsse des Wiener Kongresses zum Deutschen Bund. 1839 wird der wallonische Teil Belgien zugeschlagen. Diese dritte Teilung wird als Beginn der eigentlichen Souveränität empfunden. 1890 bekommt Luxemburg seinen ersten eigenen Großherzog

Kreativwirtschaft, die einstige Industrielandschaft wächst sich aus zu einem großen grünen Biotop.

Wie hat es ein so kleines Land geschafft, eine Nation zu werden? Es war jahrhundertelang *Spielball der Großmächte* Europas, eine kleine Pufferzone, die sich nach dem Wiener Kongress 1815 mit Geschick und Geduld Schritt für Schritt die Unabhängigkeit eroberte. Lange war der niederländische König quasi im Nebenjob auch Großherzog von Luxemburg, erst 1890 bekam Luxemburg eine eigene Dynastie: die Familie derer von Nassau-Weilburg. Der seit 2000 amtierende Großherzog Henri, sechster Spross dieses Hauses, ist Herr über rund 576 000 Luxemburger.

Die verteilen sich über ein Land, das gerade mal 82 km lang und 57 km breit ist, aber nach dem Zweiten Weltkrieg einen steilen wirtschaftlichen Aufschwung erlebte. Zunächst wurde Luxemburg 1952 erster provisorischer Sitz der Europäischen Gemeinschaft für Kohle und Stahl, der *Keimzelle der EWG*, die wiederum Vorläufer der EU war. Heute ist es zusammen mit Brüssel und Straßburg Europahauptstadt und Standort wichtiger EU-Institutionen. Und das kleine Moseldorf Schengen ist durch das *Schengener Abkommen* weltweit zum Symbol geworden für ein freies Europa ohne Grenzen. Das ist freilich durch Flüchtlings- und andere Krisen mächtig unter Druck geraten und muss nun beweisen, was es (uns) wirklich wert ist.

Wirtschaftlich und kulturell ein kleiner Riese

Treibsatz des wirtschaftlichen Erfolgs der letzten Jahrzehnte war zweifellos der Finanzsektor. Luxemburg lockte mit seinem Bankgeheimnis viel ausländisches Kapital an, internationale Großkonzerne genossen ansehnliche Steuerprivilegien. Seit die „Lux-Leaks-Affäre" dies öffentlich machte, sollen diese anrüchigen Praktiken EU-weit verhindert werden. Fakt ist: Luxemburg ist heute *das reichste Land Europas* und eine Jobmaschine, die immer mehr Arbeitnehmer aus den Nachbarländern anzieht. Faszinierend, wie aus dem einst verschlafenen Ministaat wirtschaftlich und kulturell ein kleiner Riese geworden ist, der sich auch im Kreis der „großen" Europäer selbstbewusst zu Wort meldet. Aber das Wachstum hat auch seinen Preis: Statistiker gehen davon aus, dass die *Bevölkerung* Luxemburgs bis 2030 auf bis zu 700 000 Einwohner anwachsen könnte, was das kleine Land vor gewaltige Probleme allein in puncto

20. Jh. In beiden Weltkriegen wird das Land von deutschen Truppen besetzt, 1945 von den Alliierten befreit. In der Nachkriegszeit avanciert Luxemburg zusammen mit Brüssel und Straßburg zur „Europahauptstadt"

2007 Luxemburg ist zum zweiten Mal nach 1995 Europäische Kulturhauptstadt

2014 Jean-Claude Juncker, von 1995 bis 2013 luxemburgischer Ministerpräsident, wird Präsident der EU-Kommission. Durch die „Lux-Leaks"-Enthüllungen wird Luxemburgs unrühmliche Rolle als Steuervermeidungsparadies bekannt

AUFTAKT

Ein beeindruckendes Glashaus für die Kunst: das Mudam in Luxemburg-Stadt

Verkehr und Wohnungsbau stellen wird. Schon heute ziehen viele Einheimische in die Grenzgebiete nach Rheinland-Pfalz und ins Saarland, weil es ihnen zu Hause zu teuer geworden ist. Wird's den Luxemburgern also allmählich zu eng in ihrem kleinen Land? Dank seiner Erfahrung im kommerziellen Satellitengeschäft will Luxemburg künftig „eine globale Führungsrolle bei der nachhaltigen Nutzung von Weltraumressourcen übernehmen". So dekretierte es 2016 Premierminister Xavier Bettel, der schon bald eine erste Erkundungsmission ins All senden will, um die Chancen für einen künftigen Weltraum-Bergbau auf fernen Asteroiden auszuloten. Größenwahnsinnige *Schnapsidee oder reeller Zukunftsmarkt*? Egal wie: Die trauen sich was, die Luxemburger!

All dies macht so manchen braven Luxemburger sprachlos – obgleich er in der Regel mindestens *drei Sprachen* beherrscht: Französisch und Deutsch spricht er oft so fließend wie seine Muttersprache, das Lëtzebuergesche. Glückliches

> **Luxemburg ist in jeder Beziehung ein auf- und anregendes Land**

Luxemburg: Auch in seiner Vielsprachigkeit ist es wegweisend für Europa. Obwohl, und hier meldet sich unser sonst so stolzer Luxemburger eher skeptisch zu Wort: „Wir sprechen jede Menge Sprachen – aber keine richtig!", meint er. Und beklagt auch die *Selbstzufriedenheit*, ja Arroganz so mancher Landsleute, die sich lieber in ihrer Festung einigeln, als sich dem lebhaften, *multikulturellen Treiben* vor ihrer Haustür zu stellen. Das Großherzogtum ist also in jeder Beziehung ein auf- und anregendes Land, in dem sich verschrobene Kleinstaaterei mit eleganter Weltläufigkeit, operettenhafter Charme mit cooler Funktionalität, französisches Savoir-vivre mit deutscher Gründlichkeit zu einer ganz besonderen Melange verbinden. Und trotz aller Geschäftigkeit und Gigantomanie: Luxemburg ist im Grunde ein kleines, verträumtes Land geblieben.

IM TREND

1 Ab in die Unterstadt

Kunst und cornern Von Mai bis Oktober lohnt sich am ersten Sonntag im Monat in Luxemburg-Stadt ein Spaziergang durch den Grund. Dann verwandelt sich die Unterstadt beim *Konscht am Gronn (Foto)* in eine riesige Freiluftgalerie. Zu entdecken gibt es Kitsch und Kunst, Kunsthandwerk und Krimskrams. In warmen Sommernächten mutiert das Viertel vor allem am Wochenende zu einer einzigen großen Open-Air-Bar, die Gässchen werden zum Catwalk der Beautys aus Stadt und Land.

Ruhige Kugel 2

Boule Auch die Jugend hat den „Altherrensport" entdeckt: Boule und Pétanque sind angesagt wie nie. Das zeigen auch die vielen Spielstätten wie das *Boulodrome FLBP (chemin rouge | Belvaux-Metzerlach)*, die Bahnen des *B. P. Riganelli (4, rue des Mines | Esch-sur-Alzette)* und das Boulodrome in Dudelange *(50, rue Gare-Usine)*. Richtig heiß her geht es bei den Wettkämpfen. Wann die stattfinden, weiß die *Fédération Luxembourgeoise de Boules et de Pétanque (www.flbp.lu)*.

Hingucker

3

Mode Kleine Besonderheiten schmücken die Revers der Luxemburgerinnen. Mal steckt da ein kleines Hündchen, mal ein bunter Regenschirm im Miniformat. Die dekorative „Miniature Couture" stammt aus dem Atelier von Anne-Marie Herckes *(anne-marieherckes.com | Foto)*. Erhältlich ist sie u. a. im Shop des Mudam. Bei Claude Schmitz *(www.claudeschmitz.com)* muss man zweimal hinsehen, bevor man erkennt, welches Körperteil sein Schmuck verzieren soll. Seine avantgardistischen Entwürfe werden wie Skulpturen in der *Galerie Orfèo (28, rue des Capucins | Luxemburg-Stadt)* ausgestellt.

In Luxemburg gibt es viel Neues zu entdecken. Das Spannendste auf diesen Seiten

Völlig planlos

Improtheater Improvisation ist die Mutter aller Kreativität. Das beweist das Ensemble von *Poil Impro Luxembourg (www.poil.lu | Foto)* bei jedem seiner Auftritte aufs Neue. Permanente Interaktion mit dem Publikum und spontane Einfälle gehören hier zum Programm. Dem Improvisationstheater verschrieben hat sich auch die *Ligue d'Improvisation Luxembourgeoise (www.improvisation.lu)*. Zu sehen sind die Stücke beispielsweise im *Théâtre du Centaure (4, Grand-rue | Luxemburg-Stadt | www.theatrecentaure.lu)* oder im *Café-Théâtre Rocas (place des Bains/33, rue des Capucins | Luxemburg-Stadt | www.rocas.lu)*, das für seine ausgefallenen Events von der Lesung bis zum Workshop bekannt ist.

Leckeres vom Laster

Food Trucks Viele Luxemburger haben keine Lust mehr auf Kantinenkost oder volle Restaurants zur Mittagszeit und setzen voll auf den Street-Food-Trend, der sich auch in Luxemburg breitmacht. Bedient wird er von einem guten Dutzend Food Trucks, jenen rollenden Imbissbuden, die keine fettigen Fritten oder Würste, sondern hausgemachte Burger, Salate oder feine Sandwiches an Bord haben – manche auch ausgesuchte 🌱 Bio-, Veggie- und Veganhappen. In der Hauptstadt trifft man sie auf der „Kinnekswiss" im Stadtpark, in Pfaffenthal, im Grund oder auf dem Kirchberg direkt vor den Büros der Banker und Eurokraten. Und im Frühling und Herbst treffen sich alle beim Street-Food-Festival *Eat it* vor dem Eventhouse Rotondes am Bahnhof, wo auch ein Food Truck fest installiert ist. *www.facebook.com/luxfta*

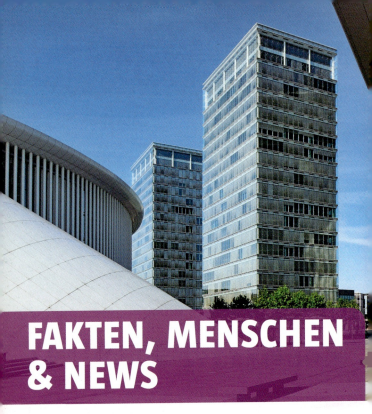

FAKTEN, MENSCHEN & NEWS

ARCHITEKTUR

Die alte Festungsstadt Luxemburg ist in den letzten Jahren ein hochinteressanter Baukasten moderner Architektur geworden. Futuristische Neubauten oder phantasievolle Umgestaltungen alter Gemäuer finden sich in der Altstadt oder auf dem Kirchberg, einem großen Tummelplatz renommierter internationaler Architekten. Aber auch in den hintersten Winkeln des ganzen Großherzogtums wachsen vor malerischen Kuhweiden oder an idyllischen Flussläufen plötzlich hypermoderne Kulturpaläste, spacige Spaßbäder, coole Hostels, exzentrische Weingüter oder auch nur einfache, aber bemerkenswerte Schulen oder Wohnhäuser aus dem Boden. Böse Zungen behaupten, die Luxemburger bauten erst mal und überlegten sich erst dann, was sie damit anfangen sollen. Aber das ist eher die Ausnahme. Wenn Sie sich selbst ein Bild machen wollen: Auf *www.architectour.lu* sind über 100 solcher Gebäude in allen Regionen aufgeführt, kurz beschrieben und zu acht lokalen Ausflugstouren zusammengefasst. Eine überaus interessante und spannende „Architectour de Luxembourg"!

ARDENNENSCHLACHT

Was viele vergessen haben: Im Winter 1944/45, während des Vormarschs der alliierten Truppen gegen Nazideutschland, holte die NS-Besatzungsmacht zu einem letzten Gegenschlag an der Westfront aus. In der sogenannten Ardennenoffensive, die größtenteils auf

Bild: Europäisches Parlament und Philharmonie auf dem Kirchberg-Plateau Luxemburg-Stadt

Ob lebendige Musikszene, Kinoboom oder leidenschaftlicher Patriotismus – das kleine Großherzogtum pflegt seine Eigenheiten

Luxemburger Boden ausgetragen wurde, drang sie bis ins belgische Bastogne vor, ehe amerikanische Truppen die Deutschen endgültig zurückschlugen. Dabei kamen viele Soldaten und Zivilisten um, Städte und Dörfer, vor allem Echternach und Wiltz, wurden schwer getroffen. Von 1940 an hatten deutsche Truppen das Land besetzt, 1942 war es als „Moselgau" dem Deutschen Reich einverleibt worden. Die Besatzungszeit kostete die Luxemburger 5700 Menschenleben. Die Hälfte der Zivilbevölkerung musste evakuiert werden, etwa 4000 Menschen wurden in die deutschen Ostgebiete zwangsumgesiedelt, genauso viele kamen ins Gefängnis oder Konzentrationslager. In Diekirch erinnert das *Museum für Militärgeschichte (10, rue Bamertal | tgl. 10–18 Uhr | www.mnhm.lu)* an die Kriegsereignisse.

ARMEE

Die gibt es tatsächlich in Luxemburg! Sie besteht aus rund 1000 Männern und Frauen. Ziemlich einmalig, zumindest in Europa: In der Freiwilligenarmee dienen nicht nur Luxemburger Staatsbürger, sondern auch Angehörige anderer EU-Nationen – sonst könnte das Großherzogtum sein vorgeschriebenes Natokontingent nicht bereitstellen. Anreiz für die Ausländer: Nach fünf Jahren können sie Luxemburger Staatsbürger werden und in den Staatsdienst wechseln. Voraussetzung für den Wehrdienst ist u. a., dass der Antragsteller neben Französisch und Deutsch die lëtzebuergesche Sprache versteht. Außerdem muss er bereits seit drei Jahren in Luxemburg wohnen.

BANKEN

Rund 150 Banken aus 22 Nationen haben sich in dem kleinen Land niedergelassen. Trotz aller Krisen sind sie immer noch der Hauptarbeitgeber im Land und sorgen für 30 Prozent der Staatseinnahmen. Eine sehr problematische Abhängigkeit, finden viele Luxemburger und wünschen sich nachhaltigere Geschäftsmodelle für die Zukunft.

GRENZGÄNGER

Jeden Werktag pendeln aus Deutschland, Frankreich und Belgien etwa 160 000 Menschen zur Arbeit ins Großherzogtum. Grund: Der Arbeitsmarkt kann von Einheimischen gar nicht ausreichend bedient werden. Überdies werden in Luxemburg bis zu 30 Prozent höhere Gehälter bezahlt. Dafür nehmen die Pendler längere Anfahrtszeiten gern in Kauf. Die Kehrseite: Die Pendler arbeiten zwar im Großherzogtum, nehmen aber wenig am öffentlichen Leben teil und schaffen so auch eine Art Integrationsproblem innerhalb der Großregion Saar-Lor-Lux. Am Wochenende sorgt dann eine andere Pendlerklientel für Staus an den Grenzen: die Tanktouristen, die sich in Luxemburg günstig mit Benzin, Tabak und Kaffee eindecken.

GROSSHERZOGLICHE FAMILIE

Luxemburg ist eine konstitutionelle Erbmonarchie. Staatsoberhaupt ist der

Banken aus 22 Nationen residieren in dem kleinen Ländchen. Ein Schelm, wer Böses dabei denkt …

FAKTEN, MENSCHEN & NEWS

Großherzog, der jedoch die Regierungsgeschäfte Premierminister und Kabinett überlässt. Gewählt wird alle fünf Jahre. Für alle Luxemburger über 18 besteht Wahlpflicht. Die ersten drei Großherzöge des Landes waren die Könige der Niederlande, erst mit Adolphe von Nassau-Weilburg bestieg 1890 der erste eigene Großherzog den Luxemburger Thron. Fortan war die Großherzogliche Familie ein wichtiger Faktor für die Identität des kleinen Landes. Vor allem die Großherzogin Charlotte, die von 1919 bis 1964 regierte und ihrem Land in den schweren Zeiten nach dem Ersten und vor allem im Zweiten Weltkrieg beistand, erwarb sich hohes Ansehen im Volk. Auch der amtierende Großherzog Henri, Jahrgang 1953, ist sehr beliebt bei seinen Landsleuten. Er ist verheiratet mit Maria Teresa Mestre, einer in Kuba geborenen, bürgerlichen Schweizerin. Sie haben fünf inzwischen erwachsene Kinder. Das nächste Thronfolgerpaar steht auch schon fest: Erbgroßherzog Guillaume und seine Frau Stéphanie aus dem belgischen Grafengeschlecht de Lannoy werden (hoffentlich) dafür sorgen, dass das letzte Großherzogtum der Welt erhalten bleibt. *www.monarchie.lu*

KINOLAND LUXEMBURG

In den letzten drei Jahrzehnten ist in Luxemburg eine vielfältige, internationale Filmszene entstanden. Ermöglicht hat dies zu Beginn das „Tax-Shelter"-Gesetz, das ausländischen Produzenten, die in Luxemburg Filme drehen, günstige finanzielle Rahmenbedingungen einräumte. So kommt es, dass immer mal wieder Weltstars wie Isabelle Huppert, Demi Moore, Michael Caine oder Scarlett Johansson in Kostüm und Maske durch die historischen Gemäuer der Luxemburger Altstadt oder der Burg Vianden schreiten. Im Windschatten der Großproduktionen hat sich eine starke einheimische Filmszene etabliert, die in Zusammenarbeit mit belgischen, französischen und deutschen Partnern immer mehr eigene interessante Projekte im Fiction-, Dokumentar- und Trickfilmbereich entwickelt. Mit großem Erfolg: 2014 gewann der Animationskurzfilm „Mr Hublot" von Laurent Witz und Alexandre Espigares sogar einen Oscar. Beim Luxembourg-City-Filmfestival im März *(www.luxfilmfestival.lu)* werden internationale und einheimische Produktionen vorgeführt und diskutiert. Außerdem wird alle zwei Jahre der Luxemburger Filmpreis verliehen. Infos zur Filmszene: *www.filmreakter.lu*

KONTRASTE

Auf dem Kirchberg verwalten Heerscharen anonymer Bürokraten in gigantischen Glaspalästen Europa, eine hermetisch von der Außenwelt abgeriegelte Hochsicherheitszone wie auch die Banken gleich nebenan. Wenige Kilometer weiter grasen bei Betzdorf vor den riesigen Astra-Satelliten friedlich die Kühe. Und im verschlafenen Dorfrathaus wälzt ein Gemeindesekretär unter dem Konterfei des Großherzogs noch wie anno Tobak betulich seine Akten. Immer wieder verblüffen die Welten, die in Luxemburg auf engstem Raum hart aufeinander stoßen.

KREATIVSZENE

Eine experimentierfreudige Musik- und Theaterszene macht mit schrägen und glamourösen Events auf sich aufmerksam, junge Schauspielerinnen wie Vicky Krieps, die schon mit Roland Emmerich und Kate Blanchett drehte, rücken vor in die erste Liga. Die Aktionskünstlerin Deborah De Robertis macht Schlagzeilen mit gewagten Performances. Der Videokünstler Jeff Desom *(www.jeffdesom.com)* ist ein Meister der digitalen

Bildwelten. Auch die Mode- und Designerszene ist sehr rührig: Chris Neumann und Virginia Ferreira z. B. haben sich mit ihrem Label Belle Sauvage *(www.bellesauvage.co.uk)* u. a. in London und Paris einen Namen gemacht. Und alle zwei Jahre mischen im Frühling viele junge Kreative die Stadt beim Projekt Design City *(www.designcity.lu)* auf. Sogar die jungen Winzer an der Mosel setzen auf modernes Corporate Design für ihren Wein: schicke Etiketten, edle Gläser – und das gute alte Probierstübchen wandelt sich zur hippen Loungebar mit Blick in die Weinberge.

MEDIENLAND LUXEMBURG

Jedes Kind in Deutschland kennt RTL. Kaum einer aber weiß, dass der Sender als „Radio Luxemburg" schon 1931 in Luxemburg gegründet wurde. In den 1980ern produzierte man hier die ersten deutschsprachigen Privatfernsehprogramme und Mitte der Neunziger entstand durch Fusion mit der deutschen Bertelsmann-Tochter Ufa die RTL-Group, der größte TV-Konzern Europas. Die meisten Programme werden über das Satellitensystem SES Astra ausgestrahlt, dessen Betreibergesellschaft ebenfalls auf Luxemburger Boden residiert und über 50 Satelliten rund 6500 Programme in 312 Mio. Haushalte in aller Welt sendet. Die größten Tageszeitungen des Landes sind das konservative „Wort", das sozialistische „Tageblatt" und das liberale „Journal". Alle erscheinen vorwiegend in deutscher Sprache, einige Artikel sind auf Französisch oder Lëtzebuergesch. An Wochenzeitungen gibt es das „Lëtzebuerger Land" (Magazin für Politik, Wirtschaft und Kultur) und das knallige Boulevardblatt „Lëtzebuerg privat". Bunt aufgemacht sind auch die TV-Film-Lifestyle-Magazine „Revue" und „Telecran".

Die linksalternative „Woxx" und die Comic-Satire-Zeitschrift „Den neie Feierkrop" bedienen das kritische Publikum. Monatlich erscheint das „Forum", Zeitschrift für Politik, Gesellschaft und Kultur.

MUSIKSZENE

Luxemburg hat eine lebendige, vielgestaltige Musikszene: gespeist von den unzähligen Musikvereinen der Dörfer landauf, landab und veredelt vom Konservatorium der Hauptstadt, das von klassischer Musik über Jazz, Pop und Komposition alle Sparten pflegt und den Boden bereitet für zahlreiche Orchester, Bands und Solisten. Aushängeschild ist das Orchestre Philharmonique du Luxembourg, das in der Philharmonie *(www.philharmonie.lu)* am Kirchberg eine ideale Spielstätte gefunden hat. Die Musiker des Landes profitieren auch von den vielen großen und kleinen Festivals, die vor allem in den Sommermonaten durch das ganze Land fluten. In der Hauptstadt dominieren Jazz- und Rockevents wie das große Open-Air Rock um Knuedler Anfang Juli auf der place Guillaume und die Blues'n Jazz Rallye Mitte Juli im Stadtviertel Grund. Neben den großen Musikfestivals in Wiltz und Echternach gibt es noch eine ganze Reihe kleiner, stimmungsvoller Minifestivals wie die Rencontres Musicales im Tal der Attert, Musek am Syrdall in Betzdorf oder das Jazzfestival in Esch-sur-Alzette. Nicht zu vergessen die vielen Konzerte in den schönen Kirchen des Landes. Internationale Rock- und Popacts treten meist im Atelier in Luxemburg-Stadt und in der Rockhal in Esch-sur-Alzette auf.

ÖKOLAND LUXEMBURG

Auch in Sachen Nachhaltigkeit, Umweltschutz, ökologischer Landbau und sanfter Tourismus will Luxemburg vorbildlich sein. Vor allem die Naturparks Our,

FAKTEN, MENSCHEN & NEWS

Kleines Land, großer Nationalstolz: Krawatten in den Farben der Luxemburger Trikolore

Obersauer und Mëllerdall, aber auch die Initiative Miseler Land an der Mosel haben sich das zum Programm gemacht. Und gut zehn Prozent der importierten Produkte tragen das Fair-Trade-Label. Auch immer mehr Unterkünfte vom Campingplatz bis zum Fünfsternehotel verpflichten sich mit dem staatlich verliehenen Eco-Label zum umweltbewussten Wirtschaften. *www.oeko.lu, www.naturemwelt.lu*

PATRIOTISMUS

„Mir wölle bleiwe wat mir sin" – diese Inschrift auf einem Erker in der Luxemburger Altstadt ist so etwas wie das patriotische (Über-)Lebensmotto des kleinen, oftmals bedrohten Großherzogtums. Sie entstammt einer Strophe aus *De Feierwon*, einer Hymne auf die erste Eisenbahn anno 1859 von Michel Lentz, die den Stolz über die in dieser Zeit erlangte Unabhängigkeit des Landes zum Ausdruck bringt: „Kommt hiér aus Frankreich, Bèlgie, Preisen, mir kennen iéch ons Hémecht weisen, frot dir no alle Seiten hin: Mir wölle bleiwe, wat mir sin." – „Kommt her aus Frankreich, Belgien, Preußen, wir können euch unsere Heimat zeigen. Fragt nach allen Seiten hin: Wir wollen bleiben, was wir sind!" Auch die Luxemburger Nationalhymne *Ons Hémecht* stammt aus der Feder von Michel Lentz.

SPRACHEN

Lëtzebuergesch, die Muttersprache der Luxemburger, ist eigentlich ein moselfränkischer Dialekt, der in ähnlicher Form auch in den Grenzregionen der Nachbarländer gesprochen wird. Für das Großherzogtum jedoch ist die Sprache ein nationales Symbol. Sie repräsentiert die Eigenständigkeit des Landes, das im Lauf der Jahrhunderte immer wieder Spielball der Großmächte war. 1984 wurde Lëtzebuergesch zur Nationalsprache erhoben. Daneben stehen Französisch und Deutsch als gleichberechtigte Verwaltungssprachen.

ESSEN & TRINKEN

Luxemburg ist ein kulinarisches Schlaraffenland, in dem sich auf den Tellern der gutbürgerlichen Restaurants deutsche Deftigkeit und Fülle mit französischem Raffinement paaren.

Und die zahlreichen Meister der Grande Cuisine brauchen den Vergleich mit dem benachbarten Frankreich nicht zu scheuen: Neun Restaurants in dem kleinen Land haben einen der begehrten Michelinsterne.

Die traditionelle Luxemburger Küche ist eher einfach und rustikal – hat aber ihren eigenen Reiz. Auch viele ambitionierte Restaurants bieten *Luxemburger Spezialitäten* wie *Judd mat Gaardebounen* an. In der gutbürgerlichen Restaurantküche, vor allem in ländlichen Gasthäusern, dominieren traditionelle Gerichte wie *escalope de veau* (Kalbsschnitzel) oder *entrecôte* (Rippenstück vom Rind). Immer mehr *ehrgeizige Nachwuchsköche* versuchen, die bodenständige Küche feiner und leichter zu machen – mit einfachen oder raffinierten Gerichten aus frischen Produkten der Region, die nach Möglichkeit auch noch aus biologischem Anbau stammen.

Der Trend zu *gesunder, leichter Kost* in den Restaurants setzt sich vor allem in der Hauptstadt immer mehr durch. Hier gibt es viele kleine Lokale, die um die Mittagszeit ein, zwei Gerichte, Snacks oder Suppen servieren, was vor allem beim jungen städtischen Publikum großen Anklang findet. Und in allen Landesteilen findet man inzwischen Bauern, Metzger, Bäcker, Obst- und Gemüse-

Bild: Träipen

Zwischen exquisiter Sterneküche und rustikalen Traditionsgerichten: Die Luxemburger mögen es deftig und raffiniert zugleich

produzenten oder landwirtschaftliche Genossenschaften, die sich mit ihren (Bio-)Produkten wirkungsvoll in Szene setzen und sie auch direkt oder ortsnah vermarkten.

In diesen Rahmen passt auch der Trend, *alte Dorfgasthäuser* wieder aufleben zu lassen und dort gute Luxemburger Hausmannskost, auf neue und moderne Art interpretiert, anzubieten. 🌱 Restaurants und Produzenten, die sich der Wertschätzung eigener und *nachhaltiger Produkte* verschrieben haben, sind auf den Websites *www.made-in-luxembourg.lu, www.sou-schmaacht-letzebuerg.lu, www.oikopolis.lu* oder *www.meco.lu* gelistet.

Hinzu kommt das kulinarische Kontrastprogramm der asiatischen, südamerikanischen und vor allem der mediterranen Küche. In der Hauptstadt und im Süden des Landes laufen sich die Pizzabäcker, aber auch die *Edelitaliener* gegenseitig den Rang ab, wer die beste und größte Portion Pizza oder Pasta serviert, wer den besten Fisch oder das raffinierteste *dolce* in seiner Küche zaubert.

SPEZIALITÄTEN

Bouneschlupp – grüne Bohnensuppe mit Kartoffeln, Mehlschwitze und Essig
Buff – Luxemburger Magenbitter aus 15 Kräutern
Dännesprözendrepp – Likör aus Tannennadeln, soll gut gegen Husten sein
Éislecker Ham – feiner Ardenner Schinken, entweder gekocht oder auf traditionelle Weise geräuchert
Fierkelsjelli – Sülze vom Spanferkel
Friture (Fritür) – frittierte Moselfischchen, beliebt als kräftige Unterlage für eine Weinprobe
Gromperenzalot matt Wierschterchen – Kartoffelsalat mit Würstchen
Judd matt Gaardebounen – geräucherter Schweinekamm mit weißen Bohnen, sozusagen das rustikale Nationalgericht der Luxemburger
Kachkéis – Kochkäse, der mit Milch, Butter, Eigelb und Kräutern verrührt und anschließend mit Senf garniert auf Butterbrot serviert wird
Kriepsen – Flusskrebse, meist in Gemüse-Weißwein-Sud gedünstet
Kuddelfleck – Kutteln, meist in Gemüsebrühe gegart
Nessdrepp – Nusslikör, eine Spezialität aus Vianden
Quetschentaart – Pflaumenkuchen, wird wie andere Obstkuchen gern als Nachtisch gegessen (Foto re.)
Rosport und Beckerich – zwei Quellen mit Luxemburger Mineralwasser
Stäerzelen – Buchweizenknödel, meistens in Specksauce serviert
Téi vum Séi – verschiedene Kräuterteesorten, angebaut und geerntet im Naturpark Obersauer
Tiirteg – feine Kartoffelpuffer mit Sauerkraut (Foto li.)
Träipen – gebratene Blutwurst, wird meist mit Apfel-Kartoffel-Püree serviert
Viiz – süßer oder saurer Apfelmost
Wellen Ourdaller – naturtrübes Weizenbier des Naturparks Our

Und überall, vor allem natürlich in Luxemburgs City, schießen immer mehr *trendige, schick gestylte Lokale* aus dem Boden, die Restaurant mit innovativer, experimentierfreudiger Küche, Café, Bar, Lounge und Musikclub in einem sind. Auch der *Bio- und Veggietrend* ist dort am stärksten vertreten. Fast überall im Land gibt es auch ein *plat du jour* oder kleines Menü für 10 bis 20 Euro.
In dieser gastfreundlichen Atmosphäre gedeiht natürlich auch die gehobene

ESSEN & TRINKEN

Gastronomie. Übers ganze Land verteilt locken mit Sternen, Kochmützen oder Ähnlichem dekorierte Spitzenköche – allerdings auch zu Spitzenpreisen. Während Sie in den gutbürgerlichen Restaurants noch ein reichlich garniertes Hauptgericht um die 20 bis 25 Euro bekommen, müssen Sie in den Gourmettempeln schon im Schnitt 30 Euro pro Gang berappen, jedenfalls dann, wenn Sie à la carte bestellen. Deutlich billiger und daher *immer zu empfehlen ist ein Menü*: Da erhält man ab etwa 50 Euro einen mehrgängigen Beweis der Kunst des Küchenchefs.

Viele Restaurants, vor allem auf dem Land, sind alteingesessene *Familienbetriebe* mit ausgeprägtem Qualitätsbewusstsein. Häufig betreiben sie gleichzeitig ein Hotel und sehen es gern, wenn die Gäste, was ja auch bequem ist, bei ihnen essen und übernachten. Die meisten Häuser bieten auch preislich interessante Sonderarrangements wie *gastronomische Wochenenden* an.

Für einen Snack, eine kleine warme Mahlzeit oder einfach nur einen Drink oder einen Kaffee empfiehlt sich der Besuch einer der kleinen Snackbars, *Bistros und Cafés*, die es zahlreich und mit meist originellem Ambiente vor allem in Luxemburgs City gibt. Einen Besuch wert sind auch die Konditoreien mit angeschlossenem *salon de thé,* wo man morgens schon gemütlich frühstücken kann und um die Mittagszeit meist auch ein kleines Tagesgericht bekommt.

Auch Bier und Schnaps produzieren (und konsumieren) die Luxemburger reichlich und gern: *Brauereien* in Bascharage, Heiderscheid, Heinerscheid, Wiltz und Diekirch sorgen kontinuierlich für Nachschub. Und beim Weinkonsum sind die Luxemburger statistisch europäische Spitze. Das liegt sicher auch an ihren eigenen *guten Gewächsen von der Mosel*, die sie zur Hälfte selber trinken, zur Hälfte exportieren.

Der wohl populärste Luxemburger *Schoppenwein* ist der *Elbling*, eine der ältesten Rebsorten der Welt und ein sehr herbes, erfrischendes Gewächs. Der *Riesling* ist der *Aristokrat unter den Rebsorten*: rassig, elegant, mit viel Bukett. Der

Bislang international wenig bekannt: Luxemburger Weine

Rivaner, eine Kreuzung aus Riesling und Silvaner, ist mild und fruchtig, ebenso der *Pinot blanc.* Der *Pinot gris* ist körperreich und aromatisch, der *Auxerrois* fruchtig, duftig und voll. Der *Gewürztraminer* mit reichem, kräftigem Bukett ist ein typischer Aperitif oder Dessertwein. Am Ende einer zünftigen Weinprobe stehen oft auch noch die frischen, fruchtigen *crémants* aus den *Sektkellereien* der Mosel, die sich immer größerer Beliebtheit erfreuen.

EINKAUFEN

Wegen seines hohen Preisniveaus ist Luxemburg kein Ziel für Schnäppchentouristen. Dennoch gibt es einige Dinge, die billiger sind als im benachbarten Ausland, vor allem Benzin und Zigaretten. Die grenznahen Tankstellen haben sich zu regelrechten Supermärkten ausgewachsen, wo Tabakwaren, Wein und Spirituosen sowie Kaffee und Parfums angeboten werden. Die Ladenöffnungszeiten in Luxemburg sind meist *Mo 14–18 Uhr (vormittags geschl.!) und Di–Sa 8.30–12 und 14–18 Uhr.* Die Einkaufszentren an der Peripherie der größeren Städte machen keine Mittagspause und sind durchgehend bis 20 Uhr geöffnet.

BIOLEBENSMITTEL

Hochwertige Lebensmittel aus ökologischem Anbau kaufen Sie am besten direkt an der Quelle. Etwa in der *Buttik vum Sei* in Heiderscheid im Naturpark Obersauer *(www.naturpark-sure.lu)*. Hier bekommen Sie Ardenner Schinken, Rind-, Lamm- und Schweinefleisch aus kontrollierter Zucht, Branntweine, Säfte, Essige, Öle, Tees, Honig sowie Kräuter aus eigenem Anbau. Produkte aus dem Naturpark Our gibts im Laden der Robbesscheier in Munshausen. *www.destination-clervaux.lu*

MÄRKTE

In der Hauptstadt lohnt sich ein Abstecher auf die place Guillaume II mit ihrem rustikal-lebhaften Wochenmarkt *(Mi- und Sa-Vormittag)*. Wer Antikes und Trödel liebt: Auf dem Floh- und Antiquitätenmarkt *(jeden 2. und 4. Sa im Monat)* auf der place d'Armes stehen vor allem belgische Händler mit manchem schönen Stück. Und auf dem Glacis beim Stadttheater ist von März bis November ein Gemüse- und Antiquitätenmarkt *(3. So im Monat)*.

MODE & DESIGN

Schicke Klamotten findet man natürlich in erster Linie in der Hauptstadt. In der Shoppingmeile Grand-rue samt Nebenstraßen dominiert Jugendliches oder Gediegenes – in den bekannten Ketten, kleinen Boutiquen oder den großen Einkaufsgalerien *Neuberg, Centre Beaumont, Carré Bonn* und – ab 2018 – *Galeria Inno* im neuen Gebäudekomplex Royal Hamilius. Flippige Läden gibt es in der rue du Nord oder im Bahnhofsviertel.
Im **INSIDER TIPP** *Luxembourg House (2, rue de l'Eau | Di–So 11–19 Uhr | www.luxembourghouse.lu)* findet man hochwer-

Ob edle Tropfen aus dem Moselgebiet oder Schinken aus den Ardennen: Luxemburger Mitbringsel gehen meist durch den Magen

tige Eigenprodukte aus dem ganzen Land von Lebensmitteln bis Schmuck und Design. Der ideale Ort für originelle Mitbringsel! Ähnlich konzipiert ist der Shop INSIDER TIPP *100% Luxembourg (23, route de Tréves | Di–Fr 9–12 und 13–18, Sa 9–17 Uhr | www.genoss.lu)* in Grevenmacher. Auch der *Museumsshop im Mudam* ist eine kleine Fundgrube für ausgefallene Accessoires aus Luxemburg. Hier werden auch regelmäßig neue Produkte junger Designer aus- und vorgestellt. Einen guten Überblick über die gesamte Luxemburger Produktpalette gibt es auf *www.letzgolocal.lu*.

PORZELLAN & KERAMIK

Eine breite Palette edler Produkte findet man beim Luxemburger Ableger der bekannten Porzellanmanufaktur *Villeroy & Boch* (Verkaufsausstellung: *2, rue du Fossé | Luxemburg-Stadt;* außerdem im *Outletcenter Schloss Septfontaine | 330, rue de Rollingergrund*).

WEIN & SPIRITUOSEN

Weinkenner kaufen am besten direkt beim Winzer oder in einer der Genossenschaftskellereien an der Mosel *(www.vins-cremants.lu, www.winetasting.lu)*. Hier können Sie in Ruhe „pröblen" (probieren) – auch die hervorragenden Sekte *(crémants)*, die Sie auf keinen Fall vergessen sollten. Angeboten werden sie z. B. in den Sektkellereien *Saint-Martin* und *Saint-Remy* (Remich), *Poll-Fabaire* (Wormeldange) und *Bernard-Massard* (Grevenmacher). Erste Adressen für gute Weine direkt vom Winzer sind *Duhr-Frères* in Ahn, *Mathis Bastian* in Remich oder *Sunnen-Hoffmann* in Remerschen. Eine hilfreiche Website zu Luxemburger Rebsorten und Produzenten ist *www.ivv.public.lu*. Viele Winzer destillieren auch eigene Obstschnäpse, z. B. Quetsch, Mirabelle oder Birne. Besondere Spezialitäten sind Nusswein und -likör aus Vianden sowie Cassis aus der Burgdestille von Beaufort.

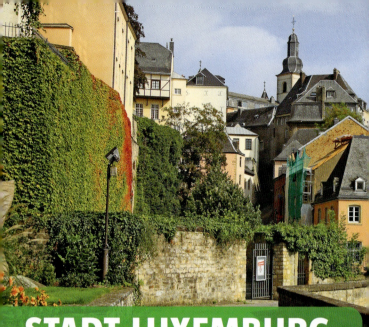

STADT LUXEMBURG UND UMGEBUNG

WOHIN ZUERST?

Bester Ausgangspunkt für eine erste Stadterkundung ist die **Place d'Armes (U C2)** (*c3*), in deren Umkreis alle wichtigen Sehenswürdigkeiten sowie das City Tourist Office liegen. Vom kostenlosen P-&-R-Platz Bouillon (nahe Hauptbahnhof) fährt ein Bus in die City. In ca. 30 Minuten lässt sich die Strecke auch zu Fuß zurücklegen. Vom Bahnhof können Sie ebenfalls den Bus, ein Taxi oder ein Leihrad von Vel'oh nehmen. Gratis ist der *City-Shopping-Bus,* der werktags tagsüber zwischen dem Parkplatz Glacis und der City pendelt.

KARTE IM HINTEREN UMSCHLAG

(131 D4) (*D12–13*) **Die kleine Hauptstadt des Großherzogtums (111 000 Ew.) kann natürlich nicht konkurrieren mit der Noblesse der europäischen Metropolen.**

Und doch hat sie von so mancher ein bisschen: Boulevards wie in Paris, Parks wie in London, Altstadtreize wie in Brüssel, mondänes Banken- und Büroambiente wie in Frankfurt. Einmalig ist jedoch die Lage der Stadt auf den hoch aufragenden Sandsteinfelsen mit ihren imposanten Festungsresten. Dazwischen liegen die tief eingeschnittenen Täler der Alzette und der Pétrusse, über die sich ein Netz aus Brücken und Viadukte spannt.

Für Spannung sorgt auch der abrupte Übergang von der verschlafenen Alt-

Bild: Corniche in der Altstadt

Felsen, Banken, Bastionen: In der Hauptstadt mischt sich internationales Flair mit dem Charme der Minimonarchie

stadtromantik zur coolen Technokratenwelt der Banker und EU-Angestellten, internationales Flair paart sich mit dem Charme der Minimonarchie – ein steter Wechsel von Groß und Klein, Alt und Neu, oben und unten hält die Besucher in Atem und auf Trab. Hinter dem Bockfelsen, wo einst Graf Siegfried seine „Lützelburg" errichtete, kauert die Altstadt mit ihren Kirchen und Museen, dem Großherzoglichen Palais und den kleinen, verwinkelten Gassen am Fischmarkt, quasi der Keimzelle der Stadt. Das Altstadtensemble wurde mit Teilen der Festung 1994 zum Unesco-Weltkulturerbe erhoben. Dahinter liegt die geschäftige City mit ihren repräsentativen Verwaltungsbauten, großzügigen Plätzen, Fußgängerboulevards und Geschäftsstraßen, wo lebhaftes, urbanes Treiben herrscht. An jeder Ecke hier begegnen sich „teutonic *gemütlichkeit* and gallic *chic*", wie es ein Reporter des Londoner Independent treffend auf den Punkt brachte. Nach Westen hin wird die City abgeschlossen von den Banken auf dem Boulevard Royal – alles binnen einer halben Stunde leicht zu Fuß zu erreichen.

Zwei große, markante Brücken überspannen das Tal der Pétrusse: Über den *Pont Adolphe,* 1903 die damals größte Steinbogenbrücke der Welt, gelangt man zum dem Plateau de Kirchberg, wo die Neu- und Erweiterungsbauten der europäischen Institutionen sich einen interessanten architektonischen Wettstreit liefern mit den Banken und Kulturgebäuden in unmittelbarer Nähe. Hier zeigt sich die

Einst suchten hier Soldaten Schutz, heute spazieren Touristen durch die Bockkasematten

Plateau Bourbon, dem Bahnhofsviertel, das erst zu Beginn des 20. Jhs. bebaut wurde. Zurück in die City führt Sie die *Passerelle,* lange das größte Brückenbauwerk, bis 1965 die mit 355 m noch längere, 85 m hohe *Großherzogin-Charlotte-Brücke* (im Volksmund meist Rote Brücke oder Europabrücke genannt) den Bogen zum Kirchberg mit den Gebäuden der europäischen Institutionen schlug. Über 100 Brücken aus sieben Jahrhunderten versuchen in dieser Stadt die Gegensätze miteinander zu verbinden.

Jüngstes „Wahrzeichen" von Luxemburg, das sich nahtlos in die Skyline der Stadt eingefügt hat, ist der Baukran. An allen Ecken und Enden wird seit Jahren gebaut und gebuddelt, besonders intensiv auf Stadt cool und futuristisch. Aber unten im Tal der Alzette, in den Unterstädten Grund, Clausen und Pfaffenthal, wirkt Luxemburg still und beschaulich.

Auch kulturell ist die Stadt top: Sieben Museen *(www.museumsmile.lu)* präsentieren aufwendig und selbstbewusst das kulturelle Erbe des Landes. Das Nationaltheater organisiert interessante Koproduktionen mit ausländischen Theatern, das Grand Théâtre präsentiert hochrangige Gastspiele aller Sparten aus dem Ausland. Und am unteren Rand des Kirchbergs entstand eine ganz neue, spektakuläre Bastion der Kultur: Im Mittelpunkt steht das Mudam, das Kunstmuseum des Architekten Ieoh Ming Pei, flankiert vom Festungsmuseum und der Philharmonie,

STADT LUXEMBURG UND UMGEBUNG

wo Weltklassemusiker Konzerte geben. Auch die ehemalige Abtei Neumünster im Stadtteil Grund hat sich zum großen Kulturzentrum mit Ausstellungsräumen, Veranstaltungssälen sowie Künstlerwohnungen und -ateliers gewandelt.

SEHENSWERTES

CASEMATES DU BOCK (BOCKKASEMATTEN) ★ ● ⚜ (U E2) (📖 d3)

Auf den Resten der alten Lützelburg können Sie wie auf einem Hochplateau flanieren und den herrlichen Ausblick auf die Silhouette der Altstadt und die Unterstadt Grund genießen. Der Bockfelsen hat aber auch ein Innenleben: Neben dem „hohlen Zahn", einem renovierten Festungsturm, befindet sich der Eingang zur Luxemburger Unterwelt. Zuerst gelangen Sie in die archäologische Krypta, in der eine kurze Videoshow atmosphärisch in die Geschichte der Burg und der Stadt einführt. Dann betreten Sie die Bockkasematten, ein imposantes unterirdisches Labyrinth aus Gängen, Räumen und Treppen, das die Österreicher Karl VI. und Maria-Theresia als damalige Herrscher Luxemburgs zwischen 1737 und 1746 bis zu 40 m tief in die Sandsteinfelsen bohren ließen. Eine kleine Stadt im Bauch Luxemburgs, die Tausende von Soldaten samt Ausrüstung und Pferden aufnehmen konnte, aber auch wichtige Zivilisten wie Metzger, Bäcker, Köche und andere Handwerker beherbergte. Noch im Zweiten Weltkrieg suchten hier 35 000 Luxemburger Schutz. Über 40 km lang waren einst die Kasemattengänge, 23 km sind noch vorhanden, interessante Abschnitte – gut beleuchtet und ausführlich beschrieben – können besichtigt werden. *Montée de Clausen | März–Okt. tgl. 10–20.30 Uhr | Anmeldung für Führungen Tel. 22 28 09 und 47 96 27 09*

CASINO (U C3) (📖 b4)

Das runderneuerte ehemalige Bürgerkasino ist ein spannendes Laboratorium für zeitgenössische Kunst aus aller Welt. Große Wechselausstellungen werden begleitet von Multimedia-Performances, expe-

---

MARCO POLO HIGHLIGHTS

★ **Casemates du Bock**
Gehen Sie auf historische Entdeckungstour in der abenteuerlichen Unterwelt der Stadt → S. 35

★ **Cathédrale Notre-Dame**
In der prachtvollen Kirche ruhen die Gräber der Luxemburger Regenten → S. 36

★ **Corniche und Altstadt**
Ein eindrucksvoller Stadtrundgang am Felsrand entlang → S. 37

★ **Grund, Clausen, Pfaffenthal**
Dörfliche Idylle mitten in der Hauptstadt → S. 38

★ **Mudam (Musée d'Art Moderne Grand-Duc Jean)**
Der Museumsbau von Ieoh Ming Pei ist mit seiner Glaspyramide selbst ein Kunstwerk → S. 41

★ **Musée d'Histoire de la Ville**
Im gläsernen Salonaufzug geht es durch 1000 Jahre Stadtgeschichte → S. 43

★ **Place d'Armes**
Über den ehemaligen Paradeplatz der Festungssoldaten hallen heute die Klänge von Sommerkonzerten und Straßenmusik. Hier liegt der quirlige Mittelpunkt der City → S. 45

Auf dem Hochaltar in Notre-Dame: „Unsere Liebe Frau", Patronin der Stadt

rimenteller Musik und Lesungen. Schickes Bistro (€). *41, rue Notre-Dame | Mo, Mi, Fr 11–19, Do 11–20, Sa/So 11–18 Uhr | www.casino-luxembourg.lu*

CATHÉDRALE NOTRE-DAME (LIEBFRAUENKATHEDRALE) ★
(U D3) *(M c4)*

Die drei weithin sichtbaren, schlanken Türme der Liebfrauenkathedrale sind das Wahrzeichen der Stadt. Die lichtdurchflutete Kirche ist eines der wenigen spätgotischen Gebäude, die auch kunstgeschichtlich wenig bewanderte Besucher sofort in ihren Bann ziehen. 1613 begann man mit dem Bau, der Stilelemente von Spätgotik, Renaissance und Barock vereint. Großen Anteil an der künstlerischen Ausgestaltung hatte der sächsische Baumeister Daniel Müller, der das kunstvoll verzierte Hauptportal mit den Statuen des hl. Ignatius von Loyola und einer prächtigen Muttergottes schuf. Sehenswert auch das moderne, bronzene Seitenportal des Luxemburgers Auguste Trémont. Es führt in den Erweiterungsbau von 1938 mit einer Krypta, in der sich die Fürstengruft der großherzoglichen Familie und das Grabmal König Johanns des Blinden befinden. Glanzstück im spätgotischen Kirchenschiff: die Empore mit überquellendem Renaissancedekor. Auf dem Hochaltar die Marienstatue „Unserer Lieben Frau", der Stadt- und Landespatronin. *Rue Notre-Dame | Mo–Sa 10–12 und 14–17.30, So 14–17.30 Uhr*

CERCLE CITÉ (U C2) *(M c3)*

Ein Beispiel gelungener Kombiarchitektur von Alt und Neu mitten in der City: Das altehrwürdige Stadtpalais von 1906 wurde über eine Brücke mit dem gegenüberliegenden ehemaligen Kino verbunden, wo nun die hypermoderne Stadtbibliothek mit Mediathek (hier gibt es kostenlosen Internetzugang), ein Tagungszentrum, ein Theatersaal und die schicke Sushibar *Aka-Cité (So geschl. | Eingang: 3, rue Genistre | Tel. 20 33 22 45 | www.aka.lu | €€)* untergebracht sind. Im alten Gebäude wurden die eleganten Säle und Salons vom Anfang des 20. Jhs. stilvoll renoviert und stehen nun vielfältigen Zwecken zur Verfügung: Ausstellungen, Lesungen, Festivals oder Musikevents finden hier statt, z. B. im Ballsaal, dem Prunkstück des Hauses im Stil der Belle

STADT LUXEMBURG UND UMGEBUNG

Époque. Jeden letzten Mittwoch im Monat gibts ab 18.15 Uhr bei freiem Eintritt auf <mark>INSIDER TIPP</mark> *CeCiL's Afterwork* Musik, Theater und Performances von Luxemburger Künstlern und dazu coole Drinks von der Bar. Alle Termine finden Sie auf der Website. *Haupteingang: place d'Armes | www.cerclecite.lu*

CORNICHE UND ALTSTADT ★
(U D–E 2–3) (*m c–d 3–4*)

Die Corniche, ein Weg direkt am Rand des Felsens, auf dem die Altstadt Luxemburgs thront, wird auch „der schönste Balkon Europas" genannt. Von ihr hat man einen wirklich beeindruckenden Blick auf die Felsen und die Reste der alten Festung: auf den Bockfelsen mit seinen unterirdischen Kasematten und auf das massige Rhamplateau, das gegenüber liegt. Und darunter ducken sich im Tal der Alzette die alten Handwerkerhäuser rings um die ehemalige Abtei Neumünster im Stadtteil Grund. Man blickt auf kleine Brücken und verwinkelte Terrassengärten und von Ferne grüßt die Silhouette der EU-Bauten auf dem Kirchberg.

Am besten betreten Sie den „Balkon" hinter dem Gebäude des Staatsarchivs unterhalb der place du St-Esprit, von dort können Sie dann das ganze Panorama abschreiten bis zum Bockfelsen (natürlich auch in umgekehrter Richtung). Vom Bockfelsen ist es ein Katzensprung ins malerische Gassengewirr der Altstadt mit dem Fischmarkt als Mittelpunkt. Von dort gelangen Sie durch die schmale rue de la Loge (schöner Hauserker mit der Aufschrift „Mir welle bleiwe, wat mir sin", dem viel zitierten Luxemburger Motto) zum Großherzoglichen Palais in der rue du Marché-aux-Herbes. Jetzt sind es nur noch ein paar Schritte zur place d'Armes,

DAS VEREINTE EUROPA

Luxemburg versteht sich zu Recht als einer der Gründerstaaten des vereinten Europas. Montanunion, EU, Euro, offene Grenzen dank Schengener Abkommen – alles hat irgendwie hier begonnen. Und bis heute ist das kleine Land Lokomotive geblieben in Sachen Europa – auf der ganz großen Bühne, aber auch im Verbund der sogenannten Großregion: Im Herzen Europas haben sich das Großherzogtum Luxemburg, das Saarland, das rheinland-pfälzische und französische Grenzgebiet und das belgische Wallonien zusammengetan und versuchen, möglichst unbürokratisch über alle Grenzen hinweg zusammenzuarbeiten. Das funktioniert alles andere als reibungslos, in einigen Bereichen aber schon ganz gut: Im Polizei- und Rettungswesen, auch herrscht reger Austausch von Kunst und Künstlern, im Schengen-Lyzeum im saarländischen Perl drücken Luxemburger, deutsche und französische Kids gemeinsam die Schulbank, an sieben Hochschulen kann man grenzübergreifend studieren. Und Wein aus dem Dreiländereck Luxemburg, Deutschland und Frankreich wird unter dem Label „Charta Schengen Prestige" gemeinsam vermarktet. Ziel ist, dass aus vielen solcher Mosaiksteine der Kontinent im Kleinen zusammenwächst – Beispiel und Vorbild für das große Europa, gerade auch in Zeiten, in denen dieses in der Krise steckt. *www.grandregion.net*

wo Sie sich in einem der Straßencafés erholen können. Der gesamte Spaziergang dauert etwa eine Stunde und vermittelt einen ersten imposanten Eindruck von der Topografie und der Geschichte der Stadt.

GALERIE D'ART CONTEMPORAIN AM TUNNEL (U C5) (*m b–c5*)

Der „Tunnel" ist ein 350 m langer, unterirdischer Gang in der Luxemburger Staatssparkasse. Hier wird ein Querschnitt des zeitgenössischen Luxemburger Kunstschaffens gezeigt, u. a. Fotografien von Edward Steichen, ergänzt von interessanten Wechselausstellungen internationaler Künstler. *16, rue Sainte-Zithe | Mo–Fr 9–17.30, So 14–18 Uhr, Führungen So 15 Uhr | www.bcee.lu*

GËLLE FRA (U C3) (*m c4*)

Die vergoldete Frauenfigur ziert weithin sichtbar die Spitze des 1923 errichteten Monument du Souvenir auf der place de la Constitution. Sie erinnert an die Opfer zweier Weltkriege und ist Symbol für den Luxemburger Freiheits- und Unabhängigkeitswillen. Von hier aus hat man auch einen schönen Blick ins Tal der Pétrusse und auf die beiden großen Brücken Passerelle und Pont Adolphe. Auf der anderen Seite des Tals erhebt sich das lang gezogene Gründerzeitgebäude der Luxemburger Staatssparkasse.

GRUND, CLAUSEN, PFAFFENTHAL ★
(U D–F 1–3) (*m d–e 2–4*)

Im Tal der Alzette liegt der Stadtteil Grund, wo die Hauptstadt Dorf und Festung zugleich geblieben ist. Von der place du St-Esprit in der Oberstadt fährt ein Aufzug hinab in den Grund (Eingang Parkhaus). Unten angekommen, passieren Sie die kleine Brücke über die Alzette. Von dort haben Sie einen schönen Blick auf die kleinen Häuschen am Fluss, in denen erst die Festungsbauer und danach Müller, Wollschläger, Gerber und Färber wohnten. Dann folgten die Mönche, deren Abtei Neumünster am Ufer der Alzette später zum Gefängnis umfunktioniert wurde. Nach dem Zweiten Weltkrieg schließlich kamen Gastarbeiter aus Italien und Portugal und heute ist es auch für betuchte Oberstädter wieder schick, in den zahlreichen Szenekneipen im Grund zu sitzen oder gar Büro oder Wohnung hier zu haben.

Wer nur mal kurz reinschnuppern will in den Grund, der biegt hinter der Brücke nach links ab in die rue Munster. Im vorderen Teil des alten Abteikomplexes ist heute das Natur Musée untergebracht. Dahinter stößt man auf die Kirche *St-Jean Baptiste,* die drei flämische Barockaltäre und eine kostbare schwarze Madonna aus dem 14. Jh. beherbergt. Die Kirche grenzt an das Kulturzentrum *Abbaye de Neumünster (28, rue Munster | tgl. 8.30–22.30 Uhr | www.ccrn.lu),* ein weiteres Beispiel gelungener Renovierung alter Bausubstanz. Hier finden Ausstellungen, Konzerte und Seminare statt. Sie können zwang- und kostenlos durch die schönen Räume der alten Abtei flanieren – und am Ende einkehren in die *Brasserie Le Neumünster (tgl. | Tel. 2 62 05 29 81 | www.abbaye.lu | €–€€)* mit schöner, großer Außenterrasse. Sehr stimmungsvoll ist es beim INSIDER TIPP *Apéro Jazz (Eintritt frei)* jeden Sonntag von 11.30 bis 13 Uhr und beim *Blues after Work (Mai–Juli Fr 18.30 Uhr | Eintritt frei).*

Über den großen Platz geht es weiter zum INSIDER TIPP *Stierchen,* einer kleinen steinernen Fußgängerbrücke über die Alzette. Dies ist einer der schönsten und romantischsten Plätze der Stadt, wo noch spürbar ein Hauch von Mittelalter weht: an einem Ufer der mächtige Abteikomplex, der hier hinter hohen Bäumen fast verschwindet, am anderen Ufer kleine, verwunschene Terrassengärten mit

STADT LUXEMBURG UND UMGEBUNG

bunten Blumen und Kräutern. Und darüber wachen der mächtige Bockfelsen und die Festungsmauern, über die noch die Häuser der Altstadt lugen. Ein Ort zum Rasten, Schauen, Staunen.

Von hier können Sie dann am rechten Ufer eng am Felsen entlang zurück zum aber wehrhafte Luxemburg einmal das Gibraltar des Nordens nannte. Im Jakobsturm informiert eine interessante audiovisuelle Show über die Luxemburger und andere bedeutende Festungen in Europa. Wenn Sie sich noch weiter in die Festungsgeschichte der Stadt vertiefen

Dörfliches Idyll: Stadtteil Grund im Tal der Alzette auf Höhe der Kirche St-Jean Baptiste

Fußgängeraufzug im Grund laufen. Oder Sie wagen noch einen weiteren kleinen Aufstieg vom Stierchen über zahlreiche Treppen hoch zum ✶ *Jakobsturm,* wo Sie wieder einen anderen, atemraubenden Blick auf die Stadt haben. Sie stehen jetzt auf den restaurierten Resten der *Wenzelsmauer,* einer Stadtbefestigung aus dem 14. Jh., die den Grund mit in das Festungswerk einbezog. Schauen Sie in die andere Richtung, blicken Sie auf die Kasernen des Rhamplateaus, wiederum Teil einer Festungserweiterung, die Sébastien Vauban, der Festungsbaumeister des Sonnenkönigs Ludwig XIV., im 17. Jh. durchführte. Hier ist gut nachzuvollziehen, warum Napoleon das kleine, möchten, können Sie den Spaziergang bis hinüber nach Clausen und Pfaffenthal ausdehnen. Allerdings sollten Sie für diese Tour gut zu Fuß sein, denn es geht nun ziemlich heftig auf und ab. Vom Jakobsturm laufen Sie die rue de la Tour Jacob hinunter nach Clausen und überqueren die Alzettebrücke. Gehen Sie danach rechts wieder über eine Brücke und direkt dahinter links in die allée Pierre de Mansfeld. Hinter der Kunigundenkirche zur Rechten steht das *Geburtshaus von Robert Schuman,* der in den 1950er-Jahren das vereinte Europa auf den Weg brachte.

An der rue Jules-Wilhelm stoßen Sie dann auf den ✶ **INSIDER TIPP** *Vauban-*

39

Rundweg, der hier auf einem der urigsten Pfade der Stadt in steilem Zickzack auf den Kirchberg hochführt. Unterwegs hat man großartige Ausblicke auf die Silhouette der Altstadt. Dann stehen Sie plötzlich vor den Resten der alten Festung und erklimmen die freigelegten und restaurierten Mauern von *Fort Obergrünewald* und *Fort Thüngen* – ein großer, spannender Archäologiepark, der schließlich vom Festungsmuseum Dräi Eechelen und dem Mudam dahinter begrenzt wird. Der Vauban-Weg führt dann durch das Höhlentor weiter zum *Fort Niedergrünewald* und anschließend wieder bergab in den Ortsteil Pfaffenthal. Hier überqueren Sie an der Eischer Pforte die Alzette auf einer Wehrbrücke mit zwei Festungstürmen von Vauban. Am anderen Ufer können Sie dann an der rue du Pont mit einem ☼ Fußgänger- und Fahrradaufzug mit Panoramaverglasung wieder zurück in die Oberstadt schweben. Über eine weitere Brücke gelangen Sie in den *Pescatore-Park;* von dort sind sie in wenigen Minuten wieder zurück in der City. *Dauer des gesamten Rundgangs 2–3 Std.*

KIRCHBERG-PLATEAU UND CENTRE EUROPÉEN (0) (*d–f 1–2*)

Kirchberg war ehedem ein kleines, verträumtes Dorf vor den Toren der Hauptstadt, bis hier in den 1960er-Jahren die ersten Gebäude der Europäischen Gemeinschaft aus dem Boden schossen. Es folgten große Wohnblocks, Sportstätten, Banken, Einkaufszentren und das Luxemburger Messegelände. Aus diesem städtebaulichen Wildwuchs entwickelte sich allmählich ein eigenständiger Stadtteil mit zahlreichen Beispielen gelungener zeitgenössischer Architektur. Wegen der recht großen Entfernungen empfiehlt es sich, die interessante Tour auf das Kirchberg-Plateau mit einem Mietfahrrad von Vel'oh zu absolvieren.

Prunkstücke am unteren Kirchberg sind die extravaganten Gebäude der Philharmonie und des Mudam. An der place de l'Europe erhebt sich das Kernstück der EU,

Zählen Sie doch mal nach: 823 Säulen fassen die Philharmonie auf dem Kirchberg-Plateau ein

STADT LUXEMBURG UND UMGEBUNG

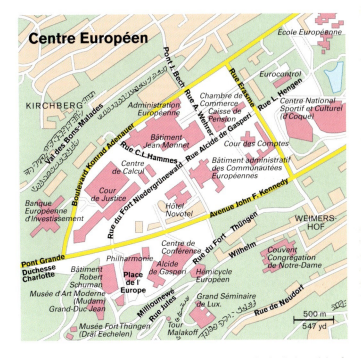

gebaut in den 1960er-Jahren: das *Bâtiment Alcide de Gasperi* mit dem lang gezogenen neuen, gläsernen Plenarsaal. Es ist umstellt von weiteren Neubauten der EU, die sich zu den Klassikern entlang der avenue John F. Kennedy gesellen, allen voran *La Porte,* die spektakuläre architektonische Pforte zum Kirchberg, bestehend aus zwei 68 m hohen Bürotürmen von Ricardo Bofill. Sie gehören zum Komplex des Europäischen Gerichtshofs gleich nebenan. www.europa.eu.int

Hinter dem EU-Komplex folgt nahtlos das futuristisch anmutende **INSIDER TIPP** *Bankenviertel,* das Architekten und Künstler von Rang gestaltet haben, z. B. Gottfried Böhm, A. R. Penck und Markus Lüpertz (Deutsche Bank), Jean Dubuffet (Banque Générale), Richard Meier und Frank Stella (Hypo-Vereinsbank). Dahinter schließen sich ein riesiger Einkaufskomplex mit dem Supermarkt Auchan und das Kino Utopolis an, flankiert vom Messegelände und den Gebäuden der RTL-Group. Hier am Ende der avenue Kennedy ragt inmitten eines Kreisverkehrs eine monumentale Stahlskulptur von Richard Serra in den Himmel – markantes Symbol für den neuen Kirchberg, der noch lange nicht seine endgültige Gestalt erreicht hat. Die Broschüre „Architektur und Kunst auf dem Kirchberg", erhältlich beim City Tourist Office, gibt Orientierung und macht Routenvorschläge.

MUDAM (MUSÉE D'ART MODERNE GRAND-DUC JEAN) ★ ● (0) (*d2*)

Eine der Hauptattraktionen der Stadt! Oberhalb des alten Fort Thüngen erhebt sich in gelungenem Kontrast dazu das

1000 Jahre Stadtgeschichte auf sechs Etagen – und hinauf gehts im Panoramalift!

Kunstmuseum von Ieoh Ming Pei, dem Erbauer der Pyramide im Hof des Louvre in Paris. Auch hier ragt eine 40 m hohe Glaspyramide als Wahrzeichen über dem Eingangsfoyer auf, von dem aus man auf drei Ebenen spannende Inszenierungen zeitgenössischer Kunst in wechselnden Ausstellungen erleben kann. Absolut sehenswert! Dabei haben Sie viele schöne Durchblicke auf die Festung und die Skyline von Alt-Luxemburg. Das Ganze wird ergänzt von interessanten Veranstaltungen, die das Haus zusätzlich zum Leuchten bringen. *3, parc des Trois Glands | Mi–Fr 11–20, Sa–Mo 11–18 Uhr | www.mudam.lu*

MUSÉE DE LA BANQUE (BANKENMUSEUM) (U C4) *(ⓜ c4)*

Im Gebäude der Staatssparkasse lernen Sie die Geschichte der Bankenbastion Luxemburg in Bildern und Dokumenten kennen. Besonderer Gag ist ein Video mit den schönsten Banküberfällen der Filmgeschichte von Lucky Luke bis Louis de Funès. *1, place de Metz | Mo–Fr 9–17.30 Uhr | www.bcee.lu*

MUSÉE DRÄI EECHELEN (O) *(ⓜ d2)*

Das markante, weithin sichtbare Festungsbauwerk der „Drei Eicheln" ist das Wahrzeichen des alten Fort Thüngen, in dessen Mauern das Festungsmuseum untergebracht ist. Das Fort wurde im Jahr 1732 von den Österreichern auf den Resten einer Vauban-Feste erbaut und 100 Jahre später von den Preußen erweitert – ein steinernes, begehbares Zeugnis der Geschichte über und unter der Erde mit vielen abenteuerlichen Höhlen, Fluren und ausgebauten Kasematten, die jeweils eine Epoche der Festung vom Mittelalter bis zum Anfang des 20. Jhs. veranschaulichen. Dazu wird mit viel Multimediaeinsatz die Bedeutung der Festung für die nationale Identität Luxemburgs erzählt. Das Museum ist auch Teil des Vauban-Rundwegs, der zu weiteren Werken des französischen Festungsbaumeisters in Luxemburg führt. *5, parc des Trois*

STADT LUXEMBURG UND UMGEBUNG

Glands | Mi 10–20, Do–Mo 10–18 Uhr | www.m3e.lu

MUSÉE D'HISTOIRE DE LA VILLE ⭐
(U D3) *(m c3)*

Im mit viel Phantasie und Sachkunde umgebauten alten Patrizierhaus in der Altstadt werden mit multimedialen Mitteln 1000 Jahre Stadtgeschichte präsentiert. Im 🔆 gläsernen Salonaufzug schwebt man aus dem Fels in die Höhe und blickt dabei durch die Fenster auf die Reste der Festung. Auf den einzelnen Etagen sind die Epochen der Stadthistorie zu sehen: im Felsenkeller die Geschichte von Stadtgründer Graf Siegfried, darüber Festungsmodelle aus verschiedenen Jahrhunderten, der Einfluss der Fremdherrscher, wie etwa der beliebten Kaiserin Maria Theresia von Österreich oder der weit weniger beliebten Preußen. Und als sichtbares Symbol der Eigenständigkeit der Thron von Großherzog Adolphe, dem ersten Monarchen aus der eigenen Dynastie. Dazu kommen phantasievoll inszenierte Wechselausstellungen zu (regional-)geschichtlichen Themen. *14, rue St-Esprit | Di–So 10–18 (Do bis 20) Uhr | mhvl.lu*

MUSÉE NATIONAL D'HISTOIRE ET D'ART **(U D2)** *(m c3)*

Hier bekommen Sie in ebenfalls spektakulärer Architektur und Präsentation einen breit gefächerten Überblick über die Geschichte und Kultur des gesamten Großherzogtums. Auch in diesem Museum schweben Sie in einem gläsernen Aufzug durch gleich zehn Stockwerke. Ganz unten im Keller treffen Sie auf den ältesten (bekannten) Luxemburger – als Skelett, etwa 9000 Jahre alt. Dann kommen die Römer, die sich besonders in der Moselregion breitgemacht und viele großartige Fundstücke wie Bronzestatuen, Gläser und Keramik hinterlassen haben. In der volkskundlichen Abteilung sind Möbel und Hausrat aus dem 18. und 19. Jh. zu sehen, außerdem eine naturkundliche Sammlung und ein Münzkabinett. Die Abteilung Kunst wartet auf mit alten italienischen und flämischen Meistern, aber auch mit einigen Stadtansichten des berühmten englischen Landschaftsmalers William Turner, der wie Victor Hugo ein ausgesprochener Luxemburgfan war. Den Reigen beschließen heimische Maler wie Joseph Kutter, der wahrscheinlich bedeutendste Luxemburger Künstler des 20. Jhs. *Marché-aux-Poissons | Di–So 10–18 (Do bis 20) Uhr | www.mnha.lu*

MUSÉE DES TRAMWAYS ET DES BUS
(0) *(m a6)*

Nostalgische Ausstellung alter Straßenbahnen und Busse, die einmal durch Luxemburgs Straßen gefahren sind. *63, rue de Bouillon | Do 13.30–17.30, Sa/So 10–18 Uhr | www.rail.lu*

PALAIS GRAND-DUCAL (GROSSHERZOGLICHER PALAST) **(U D2)** *(m c3)*

In der zweiten und dritten Etage hinter der renovierten Renaissancefassade residiert die Großherzogliche Familie, wenn sie in der Stadt ist. Einige der schönen Foyers, Säle und Salons mit ihren kunstvollen Stuckdecken, kostbaren Möbeln, Gobelins und Gemälden kann man besichtigen, allerdings nur von Mitte Juli bis Anfang September *(Do–Di, Tickets und genaue Auskunft beim City Tourist Office)*. Das Monarchische in Luxemburg kommt eher vornehm-zurückhaltend als prunkvoll-protzig daher. Der Palast, dessen älteste Teile aus dem 13. Jh. stammen, war mehr als 500 Jahre lang Rathaus der Stadt, nach 1795 Regierungssitz und Parlament, erst seit 1890 ist er Residenz des Großherzogs. Das erste Stadthaus, das 1554 einer Explosion zum Opfer fiel, wurde im Renaissancestil wieder aufgebaut und beträchtlich erweitert. Im Nebengebäude von 1859 tagt jetzt die Abgeordnetenkammer. ● Davor paradiert stolz die Palastwache des Großherzogs. Wenn es zwei Soldaten sind und die Nationalflagge gehisst ist, ist der Großherzog anwesend. *Rue du Marché-aux-Herbes*

PHILHARMONIE (0) (📕 e1–2)

Dieses tolle Gebäude am Kirchberg ist Architektur gewordene Musik! Hier gastieren die besten Orchester der Welt sowie natürlich das heimische Orchestre Philharmonique du Luxembourg – und das zu recht moderaten Eintrittspreisen! Aber auch Jazz, World Music, Easy Listening und DJ-Nights gehören zum festen Repertoire des Hauses, das breite Bevölkerungsschichten ansprechen will – z. B. **INSIDER TIPP** *Chill at the Phil (Do 18.30 Uhr)* – After-Work-Livemusik mit Drinks im Kammermusiksaal – oder die *Lunch-Conceerts (1. Di im Monat 12.30 Uhr).* Die

BÜCHER & FILME

Alles über Luxemburg – Sind wir hier in eine kleine Bananenmonarchie geraten? Oder eher in eine preisverdächtige Rosen- und Schlemmeroase? Ein selbstironisches Nachschlagewerk von Susanne Jaspers und Georges Hausemer

Luxemburg-Krimis – Leo Wirtgen löst in „Leo und die schöne Leiche" (Autorin: Corinne Bauer) seinen ersten Fall in der scheinbar heilen Welt der feinen Luxemburger Gesellschaft. Lou Schleck hat es in „Tod in Belval" von Hughes Schlueter mit schönen toten Models vor alten Hochöfen zu tun. Robert Mathieu rettet in „Todeswasser" den Obersauer-Stausee vor Ökoterroristen. Autor ist Marco Schank, im Hauptberuf lange Bürgermeister von Heiderscheid und später Minister für Wohnungsbau und Nachhaltigkeit

Eine neue Zeit – Auffallend, wie viele junge Luxemburger Filmemacher sich in den letzten Jahren mit dem Trauma der NS-Zeit in ihrem Land auseinandersetzen. Christophe Wagner erzählt in seinem Film von 2015 die Geschichte von Jules, der gegen die Nazis gekämpft hat, nach dem Krieg aber feststellen muss, dass die alten Zeiten längst noch nicht vorbei sind

Teufelsfrucht – Tom Hillenbrand lässt in seinem kulinarischen Krimi einen Restauranttester im Lokal Deux Églises im Luxemburger Stadtteil Grund zu Tode kommen. Eigenrecherche ist allerdings zwecklos – das Restaurant existiert nur in Hillenbrands Phantasie

Planet Luxemburg – Ein sehr vergnügliches kleines Kompendium (auch) über das Wesen der Luxemburger: Autor Francis Kirps war u. a. Schulpsychologe, Banker und Tretbootverleiher, jetzt ist er Poetry-Slammer mit Hang zu satirischen Miniaturen über seine Heimat und den Rest der Welt

Troublemaker – Johnny und Chuck lernen sich im Knast kennen. Gemeinsam träumen sie vom schnellen Geld und den fernen USA. Die Bankräuberkomödie (1987) von Altmeister Andy Bausch ist inzwischen ein Klassiker und Luxemburgs Antwort auf die Blues Brothers

STADT LUXEMBURG UND UMGEBUNG

Kleinen überwinden die Hemmschwelle zur klassischen Musik bei *Philou,* einer Konzertreihe speziell für Kinder. Und Feinschmecker freuen sich auf ein After-Concert-Dinner im *La Clé de Sol (Tel. 26 68 73 94 | €€). Place de l'Europe | www.philharmonie.lu*

PLACE D'ARMES (PARADEPLATZ) ★
(U C2) (*c3*)
Auf diesem großen, rechteckigen Platz mitten in der Stadt paradierten einst die Soldaten der Festung; heute treffen sich im Schatten der Bäume die Flaneure in den Straßencafés, um die Parade der Schicken und der Schönen der Stadt abzunehmen. Hier fühlen sich junge Backpacker ebenso wohl wie Austern schlürfende Ladys im Freiluftrestaurant. Im Sommer gibt es fast täglich Platzkonzerte im Musikpavillon oder improvisierte Straßenmusik an allen Ecken des Platzes. Von März bis Oktober ist zweimal im Monat samstags Flohmarkt auf dem Platz.

PLACE CLAIREFONTAINE (U D3) (*c4*)
Blickfang ist eine Bronzestatue der ehemaligen Großherzogin Charlotte vom französischen Bildhauer Pierre Cardot. Der weite, offene Platz ein paar Schritte unterhalb der place Guillaume ist gesäumt von den Gebäuden des Regierungsviertels, die größtenteils in Klostergebäuden aus dem 17. und 18. Jh. untergebracht sind.

PLACE GUILLAUME II (WILHELMSPLATZ) (U D2) (*c3*)
Etwas nüchterner als die place d'Armes wirkt dieser Platz in unmittelbarer Nähe, der eigentlich der volkstümlichere ist. Die Einheimischen nennen ihn den *Knuedler* – nach dem geknoteten Gürtel der Franziskanermönche, die hier Mitte des 13. Jhs. ein Kloster errichtet hatten. Heute wird der Platz beherrscht von einem mächtigen Reiterstandbild von Wilhelm II., dem zweiten Großherzog von Luxemburg. Dahinter steht das neoklassizistische Rathaus, das von zwei Ehrfurcht gebietenden Bronzelöwen flan-

Das Standbild von Guillaume II beherrscht den gleichnamigen Platz

kiert ist. Beim Treppenabgang zur rue Notre-Dame wartet ein weiteres Monument: der *Rénert,* die luxemburgische Variante des Reineke Fuchs, den Michel Rodange in seinem Epos verewigt hat.
● Lebhaft wird es auf dem Platz an den Markttagen Mittwoch und Samstag.

PLATEAU BOURBON
(U B–D 4–6) (*b–c 4–6*)
Als die Festung Luxemburg 1867 geschleift wurde, entstand auf dem ebenen Plateau Bourbon jenseits der hügeligen Altstadt auf dem Reißbrett ein ganz neues Stadtviertel mit großzügigen Boule-

vards und großartigen Stadtpalästen. Beginnen Sie den Boulevardbummel auf dem ✂ *Pont Adolphe,* der Brücke, die 1900 über das Tal der Pétrusse ans andere Ufer geschlagen wurde – damals die größte Steinbogenbrücke der Welt. Sie wurde jüngst aufwendig saniert, seitdem haben Fußgänger und Radler einen eigenen Übergang unterhalb der Fahrbahn – mit herrlichen Ausblicken ins Tal der Pétrusse.

Auf der anderen Seite stehen Sie an der place de Metz vor dem lang gezogenen Gebäude der Luxemburger Staatsbank und Staatssparkasse von 1913. Von hier führt schnurgerade die avenue de la Liberté hinunter. An der place des Martyrs fällt linker Hand das palastartige Verwaltungsgebäude des Stahlkonzerns Arbed (1912) ins Auge, heute Zentrale von Arcelor-Mittal. Die Avenue endet am *Hauptbahnhof,* einem interessanten Baudenkmal des Historismus. Er wurde 1913 von preußischen Baumeistern errichtet und ähnelt von außen eher einer barocken Benediktinerabtei. Beim näheren Hinschauen fallen die Unmengen von Wappen, Verzierungen, Büsten und Porträts auf der Frontseite auf, darunter die **INSIDER TIPP** Konterfeis der vier deutschen Kaiser Luxemburger Herkunft. Im Innern kontrastiert der moderne „Sternenhimmel" des Luxemburger Künstlers Armand Strainchamps wirkungsvoll mit der alten Bausubstanz.

Hinter dem Bahnhof (erreichbar über eine Fußgängerbrücke) liegt das *Carré Rotondes (1, rue de l'Aciérie | Tel. 26 62 20 07 | www.rotondes.lu),* ein flirrendes neues Kulturzentrum mit anspruchsvollen Tanz-, Musik-, Theater- und Kunstevents für ein vorwiegend junges Publikum. Den Rückweg durch die belebte Einkaufsstraße *avenue de la Gare* können Sie zu einem gemütlichen Schaufenster- oder Einkaufsbummel nutzen.

VILLA VAUBAN (U A1) (*ɱ b3*)
In der schönen alten Villa mitten im Stadtpark hat die Kunst der alten Meister (17.–19. Jh.) eine neue Heimat gefunden. *18, avenue Émile Reuter | Mi–Mo 10–18 (Fr bis 21) Uhr | www.villavauban.lu*

RUNDFAHRTEN & FÜHRUNGEN

ASK ME!
Von Juni bis September sind täglich von 10 bis 18 Uhr in der City Studentinnen und Studenten unterwegs, die Ihnen den Weg erklären oder Tipps geben.

HOP ON, HOP OFF
Gehen Sie auf Sightseeingtour durch die Hauptstadt im (bei schönem Wetter offenen) Doppeldeckerbus. An acht Haltestellen an markanten Punkten in der ganzen Stadt zwischen City, Kirchberg und Bahnhof können Sie zu- und aussteigen und Ihre Fahrt beliebig lange unterbrechen. *Start: place de la Constitution (U C4) (ɱ c4) | April–Okt. tgl. 9.40–17.20, Mitte Juni–Mitte Sept. bis 19 Uhr im 20-Min.-Takt, Nov.–März Sa/So 10.30–16 Uhr im 30-Min.-Takt | 14 Euro | www.sightseeing.lu*

PÉTRUSSE-EXPRESS (U E–F2) (*ɱ d3*)
Das Motorbähnchen mit überdachten Waggons fährt hinunter ins Tal der Pétrusse, in den Grund und auf das Rhamplateau (und wieder zurück). Dazu bekommt man über einen Audioguide alle nötigen Informationen eingeflüstert. *Abfahrt: Bockfelsen/montée de Clausen | April–Okt. tgl. 10–18 Uhr im 30-Min.-Takt, Dauer: 1 Std. | 9 Euro*

STADTRUNDGÄNGE (U D2) (*ɱ c3*)
Geführte Stadtrundgänge auf Deutsch und Radtouren durch die Stadt veranstaltet das City Tourist Office. *Start: place*

STADT LUXEMBURG UND UMGEBUNG

Guillaume II | Ostern–Okt. tgl. 12 und 14, Nov.–Ostern Mi, Sa und So 13 Uhr | 9 Euro

THEMENWEGE

Zum Selbstentdecken gibt es viele gut ausgeschilderte Themenwege (kostenlose Broschüren im City Tourist Office oder als Download auf *lcto.lu*). Die Broschüre „Luxemburg – Europäische Hauptstadt"

Eines von 250: Mit den robusten Rädern von Vel'oh kommen Sie preiswert durch die Stadt

macht Tourenvorschläge zu den europarelevanten Orten und Gebäuden der Stadt. Wer einen prägnanten Gesamteindruck von der Stadt bekommen will, folgt am besten den beiden in diesem Kapitel beschriebenen Routen über die Corniche und durch die Unterstadt Grund.

VEL'OH

Die große Fahrradoffensive: An 72 Stationen in der ganzen Stadt können Sie eines von 250 stabilen Dreigangrädern mieten. Sie müssen nur am Automaten der jeweiligen Station mit Kredit- oder EC-Karte einchecken. Check-in-Gebühr: 1 Euro pro Woche, 15 Euro pro Jahr, dazu Nutzungsgebühren: erste 30 Min. kostenlos, jede weitere Std. 1 Euro, höchstens 5 Euro pro Tag. Spätestens nach 24 Stunden muss das Rad wieder an einer Station abgegeben werden, sonst verfällt (wie auch bei Diebstahl oder Beschädigung) die Kaution von 150 Euro. *Tel. 80 06 11 00 (gebührenfrei) | www.veloh.lu*

ESSEN & TRINKEN

L'ANNEXE (U D3) (*c3–4*)

Klassisches Bistro am Rand der Altstadt. Gute, deftige französische Küche. *Plat du jour* für 13 Euro. *Sa-Mittag und So geschl. | 7, rue du St-Esprit | Tel. 26 26 25 07 | www.lannexe.lu | €–€€*

BASTA COSÌ (U C2–3) (*c3*)

Schickes *ristorante* mit Proseccobar. Italoklassiker von Bruschetta bis Zucchinitarte, Dreigangmenü mittags für 22,50 Euro. *So geschl. | 10, rue Louvigny | Tel. 26 26 85 85 | www.bastacosi.lu | €*

CAFÉS & BISTROS

Wer in der City oder der Altstadt nur einen Kaffee, etwas Süßes, einen Drink oder eine leckere Kleinigkeit zu sich nehmen will, der findet eine Menge unterschiedlicher Lokale mit Flair: Im Sommer ist die *place d'Armes* ein einziges großes Straßencafé. In den Confiserien *Kaempff-Kohler* (14, rue du Curé), *Namur* (27, rue des Capucins) und *Oberweis* (19–21, Grand-rue) kommen Süßmäuler und Snackfans voll auf ihre Kosten. Im ● *Chocolate House* (20, rue du Marché-aux-Herbes) gegenüber dem Großherzoglichen Palast kann man auf zwei Etagen und im Freien heiße Schokolade, feine Pralinen und mächtige Torten verzehren. Direkt daneben, im zünftigen ● *Bistro de la Presse* (24, rue du Marché-aux-Herbes), können sie den letzten „echten" Luxemburgern beim Stammtischplausch lauschen.

Schön sitzt und isst man auch im exotisch angehauchten *Resto-Café Chiggeri* (15, rue du Nord) – am Wochenende bis 3 Uhr früh! In der geschäftigen *Brasserie Guillaume* (12–14, place Guillaume II) gibts Meeresfrüchte satt. Feine Kleinigkeiten serviert das *Café am Musée* (14, rue du St-Esprit) mit schöner Terrasse im Musée d'Histoire. Ebenfalls für den kleineren Geldbeutel: *La Table du Pain* (19, avenue Monterey), das vegane Bistro *Beet* (32, place Guillaume II) und die Suppenbar *À la Soupe* (9, rue Chimay). Im *Go Ten* (10, rue du Marché-aux-Herbes) gibts Japanisches und Fingerfood. Das **INSIDER TIPP** *Konrad* (7, rue du Nord) ist eine originelle Bistrobar, in der Sie bio snacken können. Auch im Bahnhofsviertel gibt es viele kleine oder trendige Snackbars wie das *Exki* (11, rue du Fort Bourbon), das in der Samstagnacht bis 6 Uhr morgens geöffnet hat.

LOW BUDGET

Ob Pop, Jazz, Klassik oder Blasmusik, von Mai bis September gibt es fast jeden Tag – oft um 11 und um 19 Uhr – ● kostenlose *Open-Air-Konzerte* an der place d'Armes. Und von Oktober bis März finden an zwei Freitagen im Monat um 12.30 Uhr ● kostenlose *Mittagskonzerte* statt, u. a. im *Cité-Auditorium* (3, rue Genistre). Kostenlose *Lunchkonzerte* gibt es außerdem jeden ersten Dienstag im Monat um 12.30 Uhr in der Philharmonie.

Gratis ins Internet? Einfach an 750 Hotspots ins städtische Netz *Luxfreenet* einwählen!

Auch ganz wichtig, wenn's pressiert: *Gratis-WCs* finden Sie an der place de la Constitution und an der place d'Armes, Ecke rue du Curé.

Bei den ● *nocturnes gratuites* (www.museumsmile.lu) gibt es an je einem Tag in der Woche von 17 oder 18 bis 20 bzw. 21 Uhr freien Eintritt in mehrere Museen. Jugendliche bis 21 und Studenten bis 26 Jahre haben in einigen Museen generell freien Eintritt, für alle kostenlos ist der Eintritt ins *Bankenmuseum*, die *Galerie am Tunnel* und das *Straßenbahn- und Busmuseum*.

CASA FABIANA ❂ (U D–E6) (*m* c5)
Beliebtes, kleines Tagesrestaurant in der Nähe des Hauptbahnhofs. Es werden zwei Tagesgerichte, eine Suppe und Salate angeboten – mit oder ohne Fleisch, alles bio und knackig-lecker! *Abends und So geschl.* | *3, rue de Bonnevoie* | *Tel. 26 19 61 82* | *www.casafabiana.lu* | €

STADT LUXEMBURG UND UMGEBUNG

UM DIERFGEN ● (U D2) (ᗰ c3)
In diesem gemütlichen Traditionsgasthaus in der Altstadt mischen sich Touristen und Luxemburger, die immer zu einem kleinen Plausch bereit sind. Die Küche serviert (bis 23.30 Uhr!) gute, deftige, auch typisch luxemburgische Hausmannskost, etwa die Spezialität des Hauses: Pferdesteaks. *Plat du jour* zu 12,50 Euro. *So-Abend und Mo-Abend geschl. | 6, côte d'Eich | Tel. 22 61 41 | umdierfgen.lu | €–€€*

GOURMANDISES PERMISES ❀ (0) (ᗰ 0)
Tagesrestaurant mit vegetarischer Bioküche und Feinkostladen am nördlichen Stadtrand. Zur Auswahl stehen drei Tagesgerichte. *Abends und Sa/So geschl. | 15, place François-Joseph Dargent | Tel. 26 68 34 90 | www.gourmandises-permises.com | €*

MESA VERDE (U D3) (ᗰ c4)
Der Pionier der vegetarischen Küche in Luxemburg. *Di-Mittag, Sa-Mittag und So/Mo geschl. | 11, rue du St-Esprit | Tel. 46 41 26 | www.mesa.lu | €–€€*

MOSCONI (U E3) (ᗰ d4)
Edelitaliener im ehemaligen Brauereiviertel Grund; in einem denkmalgeschützten Haus an der Alzette wird große Küche zelebriert. *Sa-Mittag und So/Mo geschl. | 13, rue Munster | Tel. 54 69 94 | www.mosconi.lu | €€€*

LE SUD (0) (ᗰ e3)
Christophe Petra serviert große provenzalische Küche in der legeren Umgebung der alten Mousel-Brauerei in Clausen. Gutes Preis-Leistungs-Verhältnis. Zum Aperitif oder Absacker lädt (auch ohne Restaurantbesuch) die ❀ **INSIDERTIPP tolle Panoramabar** auf dem Dach mit Blick auf die Altstadtkulisse. *Sa-Mittag,*

Die Einkaufsstraße rue Philippe II überrascht immer wieder mit Kunstaktionen

So-Abend und Mo geschl. | 2, rue Émile Mousel | Tel. 26 47 87 50 | www.le-sud.lu | €€€

EINKAUFEN

In der City ist natürlich ein ausgiebiger Bummel durch die Haupteinkaufsmeile *Grand-rue* und ihre Nebenstraßen mit ihren schicken Geschäften und Einkaufsgalerien obligatorisch. Ein paar ausgewähl-

Ob in der Altstadt oder im Grund: Die kurzen Distanzen verlocken zum Barhopping

te Adressen finden Sie weiter vorn im Kapitel „Einkaufen". *www.cityshopping.lu*

FREIZEIT & SPORT

INSIDER TIPP LES THERMES
(130 C4) (*D12*)
In Strassen am Westrand der Stadt ist ein „Ufo" gelandet, das sich als extravagantes Erlebnis- und Sportbad mit Wellnesscenter entpuppt hat. *Rue des Thermes | Kernzeit tgl. 10–21 Uhr | Tagesticket 11 Euro, mit Sauna 19,50 Euro | www.lesthermes.net*

AM ABEND

Die Theater und die Philharmonie *(Grand Théâtre | 1, rond-point Schuman | Tel. 47 96 39 00 | www.theatres.lu; Théâtre des Capucins | 9, place du Théâtre | Tel. 47 96 40 54 | www.theatres.lu; Théâtre National | 194, route de Longwy | Tel. 26 44 12 70 | www.tnl.lu; Philharmonie | 1, place de l'Europe | Tel. 2 60 22 71 | www.philharmonie.lu)* spielen von September/Oktober bis Ende Juni – meist Gastspiele, aber auch Eigen- und Koproduktionen auf Lëtzebuergesch, Deutsch und Französisch. Kartenwebsite: *www.luxembourgticket.lu*. Die Kinos zeigen Filme in der Originalsprache, oft mit französischen Untertiteln, z. B. auf dem Kirchberg das Großkino *Utopolis (Tel. 42 95 95 | www.utopolis.lu)* oder an der place du Théâtre das städtische Programmkino *Cinematèque (Tel. 29 12 59 | www.vdl.lu)*. Aktuelle Veranstaltungstipps fürs ganze Land findet man täglich im „Wort", im „Tageblatt" und natürlich auf *www.visitluxembourg.com*. Einmal jährlich erscheint (auf Französisch) der „Explorator" *(www.explorator.lu)* mit den wichtigsten Adressen von ganz Luxemburg.

Zum Kneipenhopping lädt eine Vielzahl von Cafés, Bars, Bistros, Clubs und Discos. In der Altstadt kann man zu Fuß bequem von einem Lokal zum nächsten wechseln und schauen, wo es einem am besten gefällt. Z. B. im legeren *Bistro d'Art Scène*

STADT LUXEMBURG UND UMGEBUNG

(6, rue Sigefroi) mit Livemusik. Gleich daneben liegen das *Tube (8, rue Sigefroi)*, um die Ecke das *Papaya (4–6, rue de la Loge)* und die Bars *Le Palais (13, rue du Marché-aux-Herbes)* und *Urban (2, rue de la Boucherie)*. Quasi Tür an Tür: das *Bypass (19, rue des Bains)* und das *White House (21, rue des Bains)* ganz in Schwarz. Am Limpertsberg nördlich der City lockt das ziemlich edle *Magnum (14, avenue de la Faïencerie)* mit Nightdining.

Rauer und flippiger ist die Szene im Bahnhofsviertel in und um die *rue de Hollerich*. Die interessantesten Clubs in dieser Gegend sind die *Marx Bar (42–44, rue de Hollerich)* und das *Atelier (54, rue de Hollerich | www.atelier.lu)*, wo internationale Top-Liveacts auftreten. Ein weiterer Hotspot hinter dem Bahnhof ist *Carré Rotondes (1, rue de l'Aciérie | www.rotondes.lu)* mit experimentellen Musik-, Tanz-, Theater- und Kunstevents.

In der Unterstadt reiht sich von Grund bis nach Clausen ebenfalls eine Kneipe an die andere. Im *Café des Artistes (2, montée du Grund)* werden von Mittwoch bis Samstag ab 22.30 Uhr Lëtzebuerger und Pariser Chansons geschmettert. Um die Ecke im *Scott's Pub (4, Bisserwé)* trifft sich die anglofone Szene der Stadt. In der ● Weinbar *Vins Fins (18, rue Munster)* können Sie bei edlen Ökoweinen die Zeit vergessen. Und auf dem Weg nach Clausen locken die fetzige Abtanzdisco *Melusina (145, rue de la Tour Jacob)* und eine Reihe weiterer Lokale für jeden Geschmack. Auch im Viertel *Rives de Clausen* in den Gebäuden der ehemaligen Mousel-Brauerei am Ufer der Alzette gibts jede Menge Hotspots – vom Rockcafé bis zum Gourmetrestaurant. Und bei schönem Wetter wird die Theke fast überall bis auf die Straße verlängert.

Fahren Sie auf keinen Fall mit dem Auto in die Unterstadt! Alle Kneipen sind gut zu Fuß zu erreichen. Außerdem gibt es den ● *Citynightbus (Fr/Sa 21.30–3.30 Uhr alle 15 Min. | www.citynightbus.lu)*. Er sammelt am Wochenende Partygänger ein und kutschiert sie kostenlos zum Barhopping durch die Stadt. Es gibt drei Linien, die wichtigste ist die CN 1 vom P-&-R-Platz an der route de Bouillon (Bahnhofsviertel) durch alle kneipenrelevanten Bezirke zwischen Hollerich, Bahnhof, City, Altstadt, Unterstadt (Grund, Clausen) und retour. Die poppig angemalten Busse halten an Haltestellen mit dem Citynightbus-Logo.

Auch der Mittwoch hat sich zum beliebten Ausgehtag entwickelt: Dann sind oft noch mehr schicke Fashiongirls und -boys unterwegs als am Wochenende, wenn sich viel EU- und Businessvolk schon ins Wochenende verkrümelt hat.

ÜBERNACHTEN

CARLTON (0) *(ᴍ c6)*

Schönes Haus mit Jugendstilflair in Bahnhofsnähe. *48 Zi. | 9, rue de Strasbourg | Tel. 29 96 60 | www.carlton.lu | €€*

COQUE HOTEL (0) *(ᴍ 0)*

Sportliche Variante: Im Komplex des gleichnamigen großen Sport- und Badeparadieses auf dem Kirchberg erwarten Sie einfache, zweckmäßige Doppelzimmer. Der Zimmerpreis beinhaltet freien Eintritt ins *Centre Aquatique*. Parkhaus und zwei Restaurants im Haus. *36 Zi. | 2, rue Léon Hengen | Tel. 4 36 06 03 06 | www.coque.lu | €*

FRANÇAIS (U C2) *(ᴍ c3)*

Kunstsinniges Haus mit moderner Malerei und Plastiken auf den Fluren. Hübsche Zimmer in zentraler, dennoch relativ ruhiger Lage an der place d'Armes. Restaurant mit schöner Terrasse auf dem Platz. *24 Zi. | 14, place d'Armes | Tel. 47 45 34 | www.hotelfrancais.lu | €–€€*

SOFITEL LE GRAND DUCAL
(U F4) (📖 d4–5)
Zentral gelegen mit tollem Blick über die Altstadt. Nehmen Sie Ihren Sundowner in der Bar ● INSIDER TIPP *L'Observatoire* im 8. Stock! Das Panorama ist umwerfend und auch wer nicht im Hotel logiert, hat Zutritt. Fragen Sie nach Sondertarifen, etwa am Wochenende! *128 Zi. | 40, boulevard d'Avranches | Tel. 24 87 71 | www.sofitel.com | €€–€€€*

INSIDER TIPP MAHO RIVE DROITE
(0) (📖 e2)
Kleines, sehr stilvolles, grünes Hideaway am ruhigen, beschaulichen Kunigunden-Kirchplatz in der Unterstadt Clausen. Legere Atmosphäre. Weekend-Schnäppchen: in der Nacht von Samstag auf Sonntag alle Zimmer im Preis stark reduziert. Im schönen Restaurant *(Sa-Mittag und So geschl. | €€)* mit Wintergarten und prächtiger, großer Gartenterrasse genießen Sie sehr gute französisch-asiatische Küche. *7 Zi. | 2, place Ste-Cunégonde | Tel. 27 04 83 71 | www.maho.lu | €€–€€€*

DA MARCO (U D5) (📖 c5)
Stilvoll renoviertes Studiohotel in einer schönen Seitenstraße auf dem Plateau Bourbon. Große, freundliche Zimmer mit Kochnische. Von Freitag bis Montag gibt es günstige Wochenendpreise. Frühzeitig reservieren! *6 Zi. | 3, rue du Fort Elisabeth | Tel. 48 96 90 | www.albergo.lu | €–€€*

MELIÁ LUXEMBOURG
(0) (📖 d–e2)
In schönster, ruhiger Lage am Rand des Kirchbergs mit herrlichem Ausblick auf Philharmonie, Mudam oder die Silhouette der Altstadt. Günstiger Wochenendtarif. *161 Zi. | 1, parc Dräi Eechelen | Tel. 27 33 31 | www.melia-luxembourg.com | €€–€€€*

PARC BELLEVUE/PARC PLAZA
(U A4) (📖 b4)
Zwei zusammengehörige Häuser in ruhiger, zentraler Lage. Schöne Aussicht ins Tal der Pétrusse. *58 und 89 Zi. | 5, avenue Marie Thérèse | Tel. 4 56 14 11 | www.goeres-group.com | €–€€€*

INSIDER TIPP LE PLACE D'ARMES
(U C2) (📖 c3)
Gediegene Luxusherberge, wie geschaffen für ein Traumwochenende im Herzen der Stadt. Ruhige Lage in vorbildlich renoviertem historischem Ambiente. Mit Gourmetrestaurant und Brasserie. *28 Zi. | 18, place d'Armes | Tel. 27 47 37 | www.hotel-leplacedarmes.com | €€€*

SIEWEBUREN (0) (📖 0)
Das Hotel liegt am nordwestlichen Stadtrand im Grünen, dennoch sind es nur 2 km ins Zentrum. Rustikal, kinderfreundlich, gutes Restaurant. *14 Zi. | 36, rue des Septfontaines | Tel. 44 23 56 | www.sieweburen.lu | €–€€*

VAUBAN (U D2) (📖 c3)
Einfaches, kleines Hotelrestaurant, zentral gelegen in der Fußgängerzone. Auch schöne Apartments. *17 Zi. | 10, place Guillaume II | Tel. 22 04 93 | www.hotelvauban.lu | €€*

AUSKUNFT

LUXEMBOURG CITY TOURIST OFFICE
(U C2) (📖 c3)
Place Guillaume II | Tel. 22 28 09 | www.lcto.lu

ZIELE IN DER UMGEBUNG

BAMBËSCH UND WALDHAFF
(130–131 C–D3) (📖 D–E12)
Im Nordwesten grenzt ein waldreicher Grüngürtel an die Stadt: Im „Baumbusch"

STADT LUXEMBURG UND UMGEBUNG

Luxemburgs bester Platz für einen Sundowner: die Bar im Hotel Le Grand Ducal

– was Bambësch in etwa bedeutet – kann man schön wandern, Rad fahren und joggen – und im *Outletshop der Keramikfabrik Villeroy & Boch (330, rue de Rollingergrund | Mo–Sa 9–18 Uhr | www.villeroy-boch.com)* stöbern. Am Biergerkraitz lädt *Boos K'Fé (Mo geschl. | 31, rue Biergerkraitz | Bridel | Tel. 3 38 24 31 | €–€€)* mit Beachclub und Restaurant zur Einkehr. Ebenfalls mitten im Wald, an der Hauptstraße nach Echternach, liegt das Restaurant *Waldhaff (Mo/Di geschl. | Tel. 42 71 70 | www.restaurant-waldhaff.lu | €–€€)*. Beide waren einst biedere Ausflugslokale und sind heute angesagte Ziele für Wanderer, Jogger und Biker. Und abends strömen die Party-People zum Grillen und Chillen im Grünen.

TAL DER SIEBEN SCHLÖSSER
(130 A–C2) (*B–D11*)
Nordwestlich der Hauptstadt gelangt man in das schöne, stille Tal der Eisch, das zu beschaulichen Ausflügen einlädt (s. Kapitel „Erlebnistouren"). Man kann auf dem 40 km langen *Sentier des Sept Châteaux* zwischen Gaichel und Mersch wandern oder gemütlich radeln auf dem *Attert-Radweg* (PC 12), der Trasse einer stillgelegten Bahnstrecke.
In puncto Kost und Logis gibt es hier mehrere attraktive Alternativen zur Hauptstadt. In *Gaichel* bei Eischen finden Sie eine Topadresse für ein Verwöhnwochenende: das Hotelrestaurant **INSIDER TIPP** *Domaine de La Gaichel (12 Zi. | Maison 5 | Tel. 39 01 29 | www.lagaichel.lu | €€€)* in herrlicher Parklage mit schönen Zimmern und hervorragender Küche sowie Tennis- und Golfplatz. Unter gleicher Leitung befindet sich direkt daneben das Hotelrestaurant *Auberge de la Gaichel (17 Zi. | Maison 7 | Tel. 39 01 40 | Restaurant €€, Hotel €–€€)*, das ebenfalls exquisite Küche serviert und preisgünstige Zimmer bereithält.

IM TAL DER SAUER

Mitten durch Luxemburg fließt von Westen nach Osten die Sauer, die auf ihren rund 60 km Wegstrecke bis zur Mosel zwei wunderbare Naturparks streift.

Sie lädt ein zum Baden und Windsurfen, an ihren Ufern kann man herrlich wandern und Rad fahren. Ein tolles Erlebnis ist auch eine Kanutour durch das idyllische Gewässer. Im Westen ist sie zum See aufgestaut, zur Freude aller Wassersportler und zum Nutzen vieler, die von ihrem Trinkwasserreservoir profitieren. Auf halbem Weg windet sich der Mosel-Nebenfluss in einem engen Tal vorbei an schroffen Felsen und Burgen, bevor er an seinem Unterlauf das romantisch zerklüftete Müllerthal mit der alten Abteistadt Echternach streift und in einem stillen Tal in die Mosel mündet.

ECHTERNACH

(129 E3) (*M G10*) **Anziehender Mittelpunkt der gemütlichen, 5600 Ew. kleinen Stadt ist der Marktplatz mit stattlichen Bürgerhäusern aus verschiedenen Jahrhunderten, einladenden Straßencafés und Geschäften.**

An einem Ende mündet der Marktplatz in eine Fußgängerzone mit Hotels, Gaststätten und Geschäften, am anderen Ende schließt sich die mächtige Basilika mit den ausladenden ehemaligen Abteigebäuden an. Der Gründer des Klosters war der hl. Willibrord, der schon 698 eine erste Kirche errichten ließ. Danach war Echternach über Jahrhunderte kultureller und politischer Mittelpunkt des ganzen

Bild: Marktplatz in Echternach

Wallfahrten und Wassersport – Kultur und Freizeit kommen an der touristischen Schlagader Luxemburgs gut miteinander zurecht

Landes. Um 1730 ließen die Mönche die alten Abteigebäude abreißen und an deren Stelle einen prächtigen Bau von barocker Fülle errichten, der zusammen mit der romanischen Basilika das Stadtbild prägt. Heute beherbergt der Komplex ein Gymnasium und das Abteimuseum.

Höhepunkt im kulturellen Leben Echternachs ist das alljährliche Musikfestival *(www.echternachfestival.lu)*. Zwischen Juli und Oktober gastieren Koryphäen der klassischen Musik und des Jazz aus der ganzen Welt in der Basilika und im Kultur- und Kongresszentrum Trifolion *(www.trifolion.lu)*. Außerdem ist die beschauliche Stadt als Mittelpunkt des Naturparks Mëllerdall ein guter Ausgangspunkt für Tageswanderungen und größere Ausflüge in eine malerische Umgebung.

SEHENSWERTES

ABTEIMUSEUM
Das Leben des hl. Willibrord wird hier multimedial in all seinen Facetten dokumentiert, dazu die Handschriften der

ECHTERNACH

weltberühmten Echternacher Schreibschule, die bei der Klosterauflösung in alle Winde zerstreut wurden. Die berühmteste Vorlage, das Willibrord-Evangeliar, das der Klostergründer aus England nach Echternach mitgebracht hatte, ist heute im Besitz der Pariser Nationalbibliothek. Eine weitere kostbare Handschrift der Abtei, der Codex Aureus Epternacensis, ein mit goldener Tinte geschriebenes Evangeliar, befindet sich im Germanischen Nationalmuseum in Nürnberg, andere Schriften hat es nach Madrid, Uppsala, Brüssel oder Bremen verschlagen.

Das Abteimuseum muss sich mit Faksimiles zufriedengeben, die jedoch so hochwertig sind, dass Besucher einen ausgezeichneten Eindruck von der Kunst der Mönche bekommen. Außerdem wird im Museum gezeigt, wie Tinten, Farben und das Schafspergament hergestellt wurden, auf dem die Mönche schrieben. *11, parvis de la Basilique | Palmsonntag–Okt. tgl. 10–12 und 14–17 (Juli/Aug. 10–*

Von deutschen Truppen fast völlig zerstört, heute prächtig wiederaufgebaut: St. Willibrord

18), Führungen n. V. Tel. 72 04 57 | www.willibrord.lu

BASILIKA ST. WILLIBRORD

Der trutzigen Kirche mit den charakteristischen vier Ecktürmen ist heute nicht mehr anzusehen, dass sie 1944 von deutschen Truppen fast dem Erdboden gleichgemacht wurde. Nach dem Grundriss aus dem 11. Jh. ist sie wieder in ihrer ursprünglichen, romanischen Form aufgebaut worden (die erste Kirche des hl. Willibrord wurde von einem Feuer zerstört). Im Langhaus der dreischiffigen Halle aus Luxemburger Sandstein wechseln quadratische Stützpfeiler mit Rundsäulen ab. Dieser Stützenwechsel ging

IM TAL DER SAUER

als Echternacher System in die Architekturgeschichte ein. Belebend wirken auch die Glasmalereien von französischen und Luxemburger Künstlern. In einem Seitenflügel der Kirche ist ein Dokumentationszentrum zur Geschichte der Echternacher Springprozession untergebracht. Das Herz der Basilika, die Krypta mit dem Willibrord-Grabmal, stammt zum Teil aus dem 8. und 9. Jh. Im Gewölbe sind Reste von Fresken aus dem 12. Jh. erhalten. Der schlichte merowingische Steinsarkophag mit den Gebeinen des Heiligen ruht unter einem neugotischen Schrein aus Carrara-Marmor, der 1906 angefertigt wurde. *Tgl. 9.30–18.30 Uhr | www.willibrord.lu*

RÖMERVILLA

In der Nähe des Freizeitzentrums Löschental wurden 1975 bei Ausgrabungsarbeiten die Reste einer Römervilla freigelegt, die sich als größte bekannte galloromische Anlage in Luxemburg entpuppte. Zu sehen sind Relikte einer Säulenhalle, Thermen, Wasserbecken und Reste der Fußbodenheizung. Im Museumspavillon sind Szenen aus dem römischen Alltagsleben dargestellt. Empfehlenswert sind auch die Führungen und Workshops für Kinder. *47a, rue des Romains | Karfreitag–Juni und Sept. Di–So 11–13 und 14–17, Juli/Aug. 11–18 Uhr | www.villa-echternach.lu*

ST. PETER UND PAUL

Auf dem kleinen Hügel gegenüber der Basilika stand einst ein Kloster, das die Trierer Äbtissin Irmina dem Klostergründer Willibrord vermachte. Die heutige Kirche wurde im 10. Jh. errichtet und mehrmals umgebaut.

SPAZIERGANG

Die ausgeschilderte *Via Epternacensis* (Flyer in der Touristinformation) verknüpft alle historischen Sehenswürdigkeiten der Stadt auf einem etwa 90-minütigen Rundgang. Los gehts an der Basilika, man geht durch den Abteihof in Richtung Klostergarten. Hinter einem kunstvoll verzierten schmiedeeisernen Tor sehen Sie zunächst die prächtige *Orangerie*, ein Werk des lothringischen Barockbaumeisters Leopold Durand, der zusammen mit dem Tiroler Baumeister Paul Mungenast den gesamten Neubau der Abtei gestaltet hat. Über den Prälatenweg gelangt man in den einstigen Lustgarten (jetzt Stadtpark) mit einem kleinen Rokokopavillon. Dann geht es ein Stück die Sauer entlang bis zur *Sauerbrücke*, die zum deutschen Echternacherbrück führt. Von der Brücke aus gelangt man durch schmale Gässchen ans andere Ende der Stadt zu den restaurierten Resten der mittelalterlichen *Stadtmauer* mit einst 14 Türmen und sechs Toren. Fünf Türme mit Mauerteilen sind erhalten, zum Teil befinden sich Wohnungen darin. Vier davon werden

MARCO POLO HIGHLIGHTS

★ **Müllerthal**
Wanderabenteuer im Naturpark der „Kleinen Luxemburger Schweiz" → S. 60

★ **Echternacher Springprozession**
Die sprichwörtliche Prozedur im Polkarhythmus wurde zum Wahrzeichen der Stadt → S. 59

★ **Esch-sur-Sûre**
Burg, Fluss, Stausee: eine Landschaft als Gesamtkunstwerk → S. 63

★ **Ruine Bourscheid**
Eindrucksvolle Burg über dem Tal der Sauer → S. 64

ECHTERNACH

Coole Moves: Mit ihrer Springprozession haben's die Echternacher ins Unesco-Welterbe geschafft

sogar als Ferienwohnungen vermietet *(Auskunft: Tel. 72 02 30).* Weiter geht es in die rue Duchscher mit einem renovierten gotischen Haus, dann über den Marktplatz und die Peter-und-Paul-Kirche zum Schlusspunkt des Wegs, einem kleinen Gartenpavillon im Schatten der Basilika.

ESSEN & TRINKEN

AAL EECHTERNOACH
Uriges, kleines Brasseriecafé mit viel Lokalkolorit, auch auf der Speisekarte. Schöne Außenterrasse zum Marktplatz. *Tgl. | 38, place du Marché | Tel. 26 72 08 80 | €*

GRIMOUGI
In dem farbenfrohen Bistro an der Sauerbrücke zaubert ein malender Koch bunte Gerichte mit mediterranem Einschlag auf den Teller – originell und lecker. *Di-Abend und Sa-Mittag geschl. | 34, rue du Pont | Tel. 72 00 26 | www.grimougi.com | €–€€*

PATISSERIE THINNES CLAUDE
Frische Backwaren, herrliche Törtchen und edle Schokolade. Spezialität sind die **INSIDER TIPP** *pavés d'Echternach,* feine hausgemachte Nougatkreationen. *Di-So 7–18.30 Uhr | 28, rue du Pont | www.patisseriethinnes.lu*

FREIZEIT & SPORT

Funbiker finden ihr (kostenloses) Schikanenparadies im großen *Bike-Park* am See.

ÜBERNACHTEN

HOSTELLERIE DE LA BASILIQUE
Schönes Haus am Marktplatz, moderne Zimmer, Restaurant und Brasserie mit Luxemburger Spezialitäten. *14 Zi. | 7, place du Marché | Tel. 72 94 83 | www.hotel-basilique.lu | €–€€*

BEL-AIR
Angenehm altmodisches Traditionshaus mit modernem Wellnesscenter und gu-

IM TAL DER SAUER

tem Restaurant. Buchen Sie unbedingt ein Zimmer zur Parkseite! *36 Zi. | 1, route de Berdorf | Tel. 72 93 83 | www.hotel-bel air.lu | €€–€€€*

AU VIEUX MOULIN
Gepflegtes Haus in schöner, ruhiger Umgebung. Gutes Restaurant (€€), günstige Pauschalarrangements. *19 Zi. | Echternach-Lauterborn | Tel. 7 20 06 81 | www.hotel-au-vieux-moulin.lu | €€*

WOHNEN AUF DEM BAUERNHOF
Sechs Zimmer und drei Ferienwohnungen auf dem schön gelegenen Bauernhof der Familie Meyer-Ernzen mit kleiner Wellnessanlage. *Rodenhof 1 | Tel. 72 04 22 | www.meyer-ernzen.lu | €*

INSIDER TIPP ▶ YOUTH HOSTEL ECHTERNACH
Wohnen wie im Hotel, nur viel billiger. Schön am See gelegen, Cafeteria mit preiswerten Gerichten, großzügige Außenterrasse, große Indoorkletterwand. *27 Zi. (2–6 Betten) | chemin vers Rodenhof | Tel. 2 62 76 64 00 | youthhostels.lu*

AUSKUNFT

TOURIST INFORMATION ECHTERNACH
9–10, parvis de la Basilique | Tel. 72 02 30 | www.echternach-tourist.lu

ZIELE IN DER UMGEBUNG

BOURGLINSTER (128 B–C5) (*E11*)
Das etwa 20 km südwestlich gelegene Dorf ist sorgsam restauriert mit der *Burg* als beherrschendem Mittelpunkt. In der verschachtelten Anlage vereinen sich Bauelemente aus fünf Jahrhunderten. Genutzt wird der Komplex für Ausstellungen und Kulturveranstaltungen. In der Burg finden Sie ein Sternerestaurant *(La Distillerie | Mi-Mittag und Mo/Di geschl. | Tel. 7 87 87 81 | www.bourglinster.lu | €€€)* und eine gemütliche Brasserie (€) mit Terrasse.

LAROCHETTE (128 C3) (*E10*)
Eine *Burganlage (Ostern–Okt. tgl. 10–18 Uhr)* aus dem 11./12. Jh. thront auf einem Felsvorsprung über dem kleinen Ort 20 km westlich im Tal der Weißen

SPRINGPROZESSION

Die Experten bestreiten, dass es bei der ★ *Echternacher Springprozession* jemals die sprichwörtlichen drei Schritte vor und zwei zurück ging. Heute jedenfalls fassen sich die Pilger an weißen Tüchern und hüpfen im Polkarhythmus mehrerer Blaskapellen von einem Fuß auf den anderen. So geht es vom Abteihof durch die Stadt und in die Basilika an das Grab des hl. Willibrord – eine sportlich-meditative Höchstleistung, die aber nur noch wenige perfekt beherrschen. Der genaue Ursprung und Sinn dieser Prozedur, die seit 2010 zum immateriellen Unesco-Weltkulturerbe gehört, liegen im Dunkeln. Ist es ein Freudentanz, den die Echternacher ihrem Heiligen Willibrord zu Ehren darbrachten? Oder ein Antiveitstanz gegen Fallsucht und andere Gebrechen, für die ebenfalls St. Willibrord zuständig ist? Wie auch immer: Die Prozession am Dienstag nach Pfingsten ist als Markenzeichen von Echternach nicht wegzudenken. Mehr als 10 000 Pilger springen jedes Jahr mit.

MÜLLERTHAL

Ernz. Im 14. Jh. bewohnten fünf Familien die Anlage, die sich alle ihre eigenen Häuser in der Burg bauten. Zwei davon, das *Homburger* und das *Kriechinger Haus*, beide restauriert und teilweise wieder aufgebaut, sind Zeugnisse mittelalterlicher Burgbaukunst. Der Ort zu Füßen der Burg hat einen schönen Dorfplatz mit südlichem Flair, die *Bleiche*.

WALLENDORF (128 C2) (*m* F9)

Das Dorf liegt gut 15 km nordwestlich direkt gegenüber dem luxemburgischen Wallendorf-Pont auf der deutschen Seite der Sauer. Hier empfiehlt sich eine Einkehr im preiswerten Landgasthof *Am Häffchen (8 Zi. | Ourtalstr. 1 | Tel. +49 6566 93 28 66 | www.amhaeffchen.de | €)* mit sehr gemütlichen Zimmern und guter Küche. Von hier aus können Sie schöne Erkundungstouren ins Tal der Our starten.

LOW BUDGET

Essen wie im guten Restaurant, nur preiswerter – Leckeres aus der Lehrlingsküche präsentieren die Azubis der *Hotelfachschule Diekirch (www. Ithah.lu)* während der Schulzeit von Oktober bis Mitte Mai in zwei Lokalen: *An der Kéier (Di–Fr mittags | 2–4, avenue de la Gare | Tel. 26 80 33 89 20)* und *Nhà Viêt Nam (Di-Abend | 2–4, avenue de la Gare | Tel. 8 08 79 14 02)*. Reservierung erforderlich!

Trekkingausrüstung umsonst testen? Im ● *Tourist-Center Heringer Millen (Müllerthal | 1, rue des Moulins | Tel. 87 89 88 | www.mullerthal-trail.lu/ heringer-millen)* im Wanderparadies Müllerthal können Sie vier Tage lang hochwertige Wanderklamotten leihen.

MÜLLERTHAL

(128–129 B–E 3–4) (*m* E–G 10–11) Von der Sauer bis ins felsig-hügelige Hinterland im Süden erstreckt sich die Region ★ Müllerthal *(www.mullerthal.lu)* mit dem neuen Naturpark Mëllerdall *(www. naturpark-mellerdall.lu)*, dessen Herzstück das Wanderparadies der „Kleinen Luxemburger Schweiz" ist.

Westlich von Echternach haben Eiszeitgletscher hier wildromantische Felsformationen in den weichen Sandstein gekerbt. Vorbei an schroffen, bizarr geformten Steinriesen geht es durch enge Spalten, dunkle Schlüffe und Höhlen in den Tälern der Schwarzen Ernz, des Haller- und des Aesbachs, die sich ihren Weg durch das Gestein zur Sauer bahnen. Dieses kleine, feine Wanderparadies wurde schon Ende des 19. Jhs. entdeckt, angeblich von den Holländern, die sich hier wohl schon im Hochgebirge wähnten und der Gegend daher den Namen „Kleine Luxemburger Schweiz" gaben.

Heute ist die Region touristisch bestens erschlossen mit zahlreichen Angeboten vom gemütlichen Felsenwandern bis zum anspruchsvollen Mountainbiking. Mitten im Felsenwald liegt auch das *Tourist Center Heringer Millen (Müllerthal | 1, rue des Moulins | Tel. 87 89 88 | www.mullerthal.trail.lu/heringer-millen)* mit Rad- und E-Bike-Verleih, ein guter Ausgangspunkt für viele Touren. Von Ostern bis Anfang November wird hier jeden Donnerstag um 10 Uhr eine INSIDERTIPP geführte Wanderung *(ca. 2½ Std. | 5 Euro)* angeboten, von Mitte Juni bis Ende August inklusive eines Brotbackkurses zu Beginn der Wanderung. Am Ende können Sie Ihr frisch gebackenes Brot dann in Empfang nehmen. In der Brasserie *Heringer Millen (So-Abend und Mo geschl. | Tel. 26 78 47 17 | heringermillen.lu) |*

IM TAL DER SAUER

Die bizarr geformten Felsriesen sorgen für den besonderen Kick: Wanderung im Müllerthal

€–€€) hält ein junger Koch Deftiges für Wanderer, aber auch Vorzügliches für Gourmets und feine Kuchen parat.
Auch von Berdorf aus lässt sich die Gegend gut erkunden. Vom INSIDERTIPP *Aquatower (Juli/Aug. tgl. 10–18, April–Juni und Sept./Okt. Di–So 14–18, Nov.–März Do–So 14–17 Uhr | www.aquatower-berdorf.lu)*, einem modernen Wasserturm mitten auf der grünen Wiese, hat man den besten Überblick über die ganze Region. Ein Aufzug befördert Besucher auf eine rundum verglaste ☼ Aussichtsplattform in 55 m Höhe.
An den Straßen von Berdorf nach Grundhof und nach Echternach finden Sie einige Wanderparkplätze, von denen aus Sie in die Felsenlandschaft losziehen können. Sportlich ambitionierte Wanderer begeben sich auf den *Müllerthal-Trail (www.mullerthal-trail.lu):* Der verknüpft drei markierte Rundrouten von jeweils knapp 40 km Länge, ergänzt von drei kleinen Extratouren zwischen 9 und 22 km. Kundige Wegescouts haben hier besonders dramatische Touren erschlossen. Es geht bergauf, bergab durch urwaldartige Zonen und moosige Bachtäler und auf Hochplateaus mit abenteuerlichen Ausblicken auf die schroffen Felsformationen ringsum. Unter *www.trailhotels.lu* finden Sie Hotels mit Gepäcktransport am Müllerthal-Trail.
Sportliche Biker haben die Wahl zwischen vier Mountainbiketrails (13–36 km), dazu kommen 16 Rennradrouten, aber auch einfachere Touren auf schönen Radwegen. Ideal: An INSIDERTIPP **13 Verleihstationen** *(Tel. 6 21 47 34 41 | www.rentabike-mellerdall.lu)* kann man Mountainbikes, Touren- und Kinderräder sowie E-Bikes ausleihen und unterwegs auch wieder abgeben, Pannenservice inklusive! Kleine wie größere Kinder können sich auf dem tollen *Wald- und Abenteuerspielplatz* am Campingplatz Martbusch bei Berdorf oder auf dem großen *Wasserspielplatz* in Rosport austoben.

NATURPARK OBERSAUER

Einen Abstecher wert sind auch *Christnach,* ein schön restauriertes Dorf mit historischen Bauernhäusern, die von den österreichischen Barockbaumeistern der nahen Abtei Echternach quasi miterbaut wurden, und das zauberhafte Ensemble aus mittelalterlicher Burg und Renaissanceschloss *Beaufort (Ostern–Okt. tgl. 9–17.30 Uhr | www.castle-beaufort.lu),* das sich wie eine Märchenkulisse aus dem Wald erhebt. Sehr zu empfehlen ist eine **INSIDER TIPP** *Schlossführung*

Meyer (33 Zi. | 120, Grand-rue | Tel. 83 62 62 | www.hotelmeyer.lu | €–€€) mit feiner Küche oder das neue, schicke *Youth Hostel Beaufort (62 Betten in 2- bis 5-Bett-Zimmern | 55, route de Dillingen | Tel. 2 62 76 63 00 | www.youthhostels.lu | €).* Speziell für Wanderer und Biker konzipiert ist das preiswerte Natur- und Sporthotel *Trail-Inn (27 Zi. | 1, route d'Echternach | Tel. 26 78 42 45 | www.trail-inn.lu | €)* mit sportlicher Note in Berdorf. In Grundhof zu empfehlen ist das gepflegte

Erholungsparadies Obersauer-Stausee: baden und paddeln, wandern und segeln

(Do–So 11 und 16 Uhr | Anmedung unter Tel. 6 21 27 95 06): Die langjährige Kastellanin führt durch die schönen Salons mit edlen Möbeln und Inventar, das die letzte Besitzerin hinterlassen hat. Dazu gibt es wunderbare Ausblicke aus Fenstern und von kleinen Terrassen und am Ende wartet noch ein üppiger Rosengarten hinterm Schloss. Gönnen Sie sich am Ausgang noch einen Cassero, den Johannisbeerlikör, der im Schlosskeller hergestellt wird! Ländliche Hotels und Restaurants laden in der Region zum genüsslichen Verweilen, etwa in Beaufort das beliebte *Hotel L'Ernz Noire (11 Zi. | 2, route de Beaufort | Tel. 83 60 40 | www.lernznoire.lu | €–€€)* mit ausgezeichnetem Restaurant.

NATURPARK OBERSAUER

(126–127 B–E 1–3) (*A–C 7–9*) **Wenn man von der breiten Nationalstraße 15 auf der Höhe von Esch-sur-Sûre abbiegt, gelangt man durch einen kleinen Felstunnel in eine andere Welt.**

IM TAL DER SAUER

Wieder zieht die Sauer eine enge Schleife; dahinein schmiegt sich der malerische Ort ⭐ *Esch-sur-Sûre* (270 Ew.). Einen schönen Kontrast dazu bildet die 1 km flussaufwärts sich quer durchs Tal ziehende, 48 m hohe *Obersauer-Talsperre*, die das Flüsschen auf einer Länge von 19 km zu einem See aufstaut. Dieser ist Trinkwasserreservoir, Wassersportzentrum, Erholungsgebiet und Mittelpunkt des Naturparks Obersauer. Von der 🌿 Fußgängerbrücke, die bei *Lultzhausen* die beiden Ufer verbindet, hat man einen schönen Blick auf den künstlichen See, der sich gleichwohl harmonisch in die sanft gewellte Landschaft einfügt. Erst ab hier, 5 km flussaufwärts hinter der Staumauer, darf er touristisch genutzt werden. Badestrände gibt es in *Burfelt, Baschleiden, Insenborn, Lultzhausen* und *Liefrange* (Segel- und Surfzentrum).

SEHENSWERTES

BURGRUINE ESCH-SUR-SÛRE
Eine enge Straße mit alten Bürger- und Bauernhäusern führt hoch zum 🌿 Burggelände. Von dort aus haben Sie einen schönen Ausblick auf den Ort und den Fluss. Die Burgruine besteht im Wesentlichen aus zwei Türmen. Der untere, rechteckige Bergfried stammt aus dem 10. Jh. und gehört zusammen mit der darunter liegenden, restaurierten romanischen Burgkapelle zur Kernburg, die im 13. Jh. um eine Vorburg mit Ringmauer erweitert wurde. Der obere, vorgeschobene, runde 🌿 Lochturm („Lug- und Spähturm") kam erst im 15. Jh. dazu. Er liegt auf einem benachbarten Hügel und kann nur vom Unterdorf aus erreicht werden. Die Treppe befindet sich neben dem Hotel Postillon. Hinter dem Lochturm steht eine Muttergottesstatue aus dem Jahr 1910; von hier aus bietet sich die schönste Sicht auf das Tal der Sauer.

FREILICHTMUSEUM THILLENVOGTEI
Eine Attraktion für Groß und Klein ist dieses Freilichtmuseum in *Wahl,* in dem die Besucher aktiv ins Säen, Ernten, Brotbacken und Buttern nach Art der Großmutter miteinbezogen werden. *Geöffnet n. V. | Tel. 83 81 80 | www.wahl.lu*

MUSÉE DE L'ARDOISE (SCHIEFERMUSEUM)
Wie werden Platten, z. B. für Dächer, aus dem brüchigen Schieferstein hergestellt? Das kann man erfahren (und selbst ausprobieren) in einer stillgelegten Schiefergrube an der belgischen Grenze. *Maison 3 | Obermartelange | Führungen Juli/Aug. Mi und So 15 Uhr und n. V. | Tel. 23 64 01 41 | www.ardoise.lu*

TEXTILMUSEUM
Auf den Webmaschinen in der alten Tuchfabrik in *Esch-sur-Sûre* werden vor den Augen der Besucher wieder Stoffe und Decken hergestellt, die man vor Ort kaufen kann. *15, route de Lultzhausen | im Naturparkzentrum Obersauer | Mo/Di und Do/Fr 10–12 und 14–18, Sa/So 14–18 Uhr, Führungen n. V. | Tel. 8 99 33 11*

THEMENWANDERWEGE
Im Park gibt es mehrere interessante Themenwege unter dem Motto „Auf der Spur von Wasser und Natur". Ein „Religiöser Rundweg" führt Sie u. a. zur kleinen Kirche in *Rindschleiden,* in der schöne Fresken aus dem 15. Jh. versteckt sind. Von *Kaundorf* aus hat man auf einem ausgeschilderten 🌿 Panoramaweg einen wunderbaren Ausblick auf den See. Die *Skulpturen-Wanderwege* bei Lultzhausen und Bilsdorf führen zu beeindruckenden Kunstwerken zweier Bildhauersymposien am See, ein Legendenrundweg erstreckt sich über 19 Stationen bis nach Belgien. Am Naturparkzentrum in Esch schließlich beginnt der schöne zweistün-

NATURPARK OBERSAUER

dige Rundwanderweg „Geheimnisvolles Esch" *(mit Audioguide 4 Euro)*, der 21 historische Stationen miteinander verknüpft.

ESSEN & TRINKEN/ÜBERNACHTEN

BEAU-SITE
In dem etwas altmodischen, aber gemütlichen, gutbürgerlichen Haus direkt an der Sauer wird gute Küche serviert. *18 Zi. | 2, rue de Kaundorf | Esch-sur-Sûre | Tel. 83 91 34 | www.beau-site.lu | €–€€*

INSIDER TIPP DE LA SÛRE
Populäres Hotelrestaurant im alten Dorfkern mit guter, variantenreicher Küche. Es werden vorwiegend Lebensmittel aus Ökoanbau verwendet. Die Wirtsfamilie organisiert für ihre Gäste geführte Wanderungen und Radtouren mit hauseigenen Leihrädern. Auch Motorradfahrer sind willkommen, mit ihnen gehts auf kurvenreichen Strecken quer durchs Land. Zum Hotel gehören eine große, in den Fels gebaute Wellnessabteilung und ein Lädchen mit Lebensmitteln und Handwerksprodukten aus dem Naturpark. *23 Zi. | 1, rue du Pont | Esch-sur-Sûre | Tel. 83 91 10 | www.hotel-de-la-sure.lu | €–€€€*

EINKAUFEN

Die *Buttik vum Sei (4, Am Clemensbongert)* in Heiderscheid und der Laden *Em de Séi a Méi (1, rue du Moulin | www.emdeseiamei.lu)* in Esch-sur-Sûre sind die zentralen Umschlagplätze für alle Produkte aus dem Naturpark.

FREIZEIT & SPORT

Von Mai bis September können Sie von *Insenborn* aus INSIDER TIPP Seerundfahrten mit dem Solarboot unternehmen (Auskunft im Naturparkzentrum). Im Naturpark ist sanfter Tourismus angesagt: kinderfreundlicher Urlaub auf dem Biobauernhof, ausgezeichnete Gastronomie mit Naturparkprodukten, Baden und Wassersport (keine Motorboote!) und natürlich Wandern. Bei schlechtem Wetter ist die ganze Familie gut aufgehoben im *All in Family Fun Center (22, Am Clemensbongert | Di–Fr 11.30–1, Sa/So 10–1 Uhr | www.all-in.lu)* in Heiderscheid. Für die Großen gibts u. a. Bowling, Billard, Darts und Kicker, für die Kids einen großen Indoor-Spielplatz.

AUSKUNFT

NATURPARKZENTRUM OBERSAUER
15, route de Lultzhausen | Esch-sur-Sûre | Tel. 8 99 33 11 | www.naturpark-sure.lu, www.esch-sur-sure.lu

ZIELE IN DER UMGEBUNG

BOURSCHEID (127 E2) (*D8*)
Zwischen der Obersauer-Talsperre und Diekirch windet sich die Sauer durch die Ausläufer der Ardennen. Auf einem der Felsen überm Fluss thront die ★ Ruine Bourscheid *(April–Mitte Okt. tgl. 9.30–18, Mitte Okt.–März 11–16 Uhr)*, zweitgrößte Burg im Land und so schön gelegen wie kaum eine andere. Die weitläufige Anlage wuchs in verschiedenen Etappen im 11., 14. und 15. Jh. Im 19. Jh. verfiel die Burg; seit 1972 wird sie sorgsam restauriert. Es macht Spaß, die vielen Treppen, Türme und Mauern der Burg zu erklettern, denn von überall hat man einen phantastischen, immer wieder anderen Blick in das windungsreiche Tal der Sauer. Vom Aussichtspunkt *Grenglay* oberhalb der Ortschaft Bourscheid haben Sie einen schönen Blick auf die Burg und hinunter ins Sauertal.

In ● *Bourscheid-Plage* kann man an INSIDER TIPP einem der schönsten Ba-

IM TAL DER SAUER

Bourscheid: Im Sommer ist die Burg Kulisse für Konzerte und Ausstellungen

destrände der Sauer im flachen Wasser planschen. In *Lipperscheid* bietet das wunderbar gelegene Sporthotel *Leweck (51 Zi. | Tel. 99 00 22 | www.sporthotel.lu | €€–€€€)* alle Möglichkeiten für einen gediegenen bis luxuriösen Aktivurlaub.

DIEKIRCH (127 F3) (*D9*)

In der Fußgängerzone des freundlichen Orts (7000 Ew.) tanzen auf einem Brunnen drei Esel um ein Bierfass – ein Verweis auf die heimischen Braukünste und die einstige Weinbautradition von Diekirch: Die Esel mussten in den Weinbergen schuften. Eine der ältesten Kirchen des Landes ist die *Alte St.-Laurentius-Kirche* aus dem 11. Jh. auf den Resten eines frühchristlichen Sakralbaus aus dem 5. Jh. Das *Museum für Militärgeschichte (10, rue Bamertal | tgl. 10–18 Uhr | www.mnhm.lu)* erinnert an die verheerenden Kriegsereignisse des Winters 1944/45 im nördlichen Luxemburg, die als Ardennenschlacht in die Geschichte eingingen. Autofans sollten sich das **INSIDER TIPP** *Conservatoire National de Véhicules Historiques (20–22, rue de Stavelot | Di–So 10–18 Uhr | www.cnvh.lu)* in einer ehemaligen Kutschenfabrik anschauen. Highlight ist eine Staatskarosse aus den 1930er-Jahren, mit dem Großherzogin Charlotte und ihre Familie im Zweiten Weltkrieg ins französische Exil flüchteten. Diekirch ist Ausgangspunkt für Kanufahrten auf der Sauer und Radwanderungen am Fluss. Boote und Räder können Sie ausleihen bei *Rent a Bike Dikrich (27, rue Jean l'Aveugle | Tel. 26 80 33 76 | www.rentabike.lu)*. Das Hotel-Restaurant *Dahm (25 Zi. | 57, porte des Ardennes | Tel. 8 16 25 51 | www.hotel-dahm.com | €)* mit guter Küche in *Erpeldange* 3 km westlich ist eine gute Basis für Ausflüge. Ländlich-deftige bis mediterrane Küche serviert das urige Bistro *Äppel & Biren (So/Mo geschl. | 1, route d'Ettelbruck | Tel. 26 80 48 47 | www.aeppelabiren.lu | €)* in *Ingeldorf* im gemütlichen Ambiente einer renovierten Dorfkneipe. Es werden vorwiegend Produkte aus der Region verwendet.

Auskunft: *Syndicat d'Initiative | 3, place de la Libération | Tel. 80 30 23 | www.tourisme.diekirch.lu*

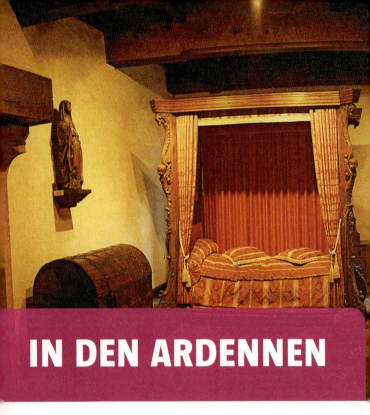

IN DEN ARDENNEN

Der Fluss Sauer zieht eine markante Trennungslinie durch das ganze Land: Südlich erstreckt sich das sogenannte Gutland, das in sanften Wellen zur Hauptstadt hin ausläuft. Im Norden liegt das Ösling, wie die Luxemburger ihren Teil der Ardennen nennen.

Letzteres ist ein waldreiches, einsames Hügelland mit weiten Hochebenen, auf denen die Bauern ihre Felder bestellen, und mit jäh abfallenden Tälern, in denen die beiden hübschesten Städtchen Clervaux und Vianden liegen. Wiltz, die dritte im Bunde, ist „ganz auf der Höhe" und blickt gelassen in eine Gegend, in der alles weiter, ruhiger, leerer ist, in der die Dörfer karger und die Menschen zurückhaltender sind als im geschäftigen Süden.

Viele von ihnen sind im 19. Jh. nach Übersee ausgewandert oder zumindest in den Süden des Landes gezogen, um ihr ärmliches Bauerndasein gegen einen Job im Industrierevier oder in der Hauptstadt einzutauschen. „Der Öslinger Bauer gehört zur Familie wie der Onkel in Amerika", schreibt der Luxemburger Autor Paul Kieffer. Heute ist eine umgekehrte Bewegung feststellbar: Viele ziehen aus dem Ballungsraum um die Hauptstadt wieder in den Norden, weil dort die Grundstücke preiswerter sind und das bäuerliche Erbe sowie die Ruhe und Schönheit der Landschaft als wichtiger Zugewinn an Lebensqualität empfunden werden.

Der Fremdenverkehr ballt sich vor allem in der Gegend um Vianden. Den äußersten Norden des Landes gilt es erst noch

Bild: Burg Vianden

Zwischen Berg und Tal: Der raue, einsame Norden mit seinen weiten Hochebenen und malerischen Tälern hat viele versteckte Reize

richtig zu entdecken. Er überrascht vor allem auch durch eine Vielzahl sakraler Kunstwerke, die sich in den kleinen Dorfkirchen verbergen. *www.ardennes-lux.lu*

CLERVAUX

(125 D4) (*C6*) **Von der E 421, die von der Stadt Luxemburg ins belgische St-Vith führt, biegt man auf einem Hochplateau ab und blickt nach wenigen Kilometern in ein stilles, enges Tal.**

Dort ducken sich rings um einen zentralen Burgkomplex und eine neoromanische Kirche am Ufer der Clerve stilvolle alte Häuser. Darüber thront, auf einer Anhöhe jenseits des Tals, eine weitläufige Benediktinerabtei, deren hellrote Dächer schon von Weitem Aufmerksamkeit erregen. Clervaux, Hauptort des nördlichen Landesteils, ist mit seinen 1300 Ew. ein kleiner, verträumter Luftkurort in landschaftlich schöner Lage, die zu Wanderungen abseits allen touristischen Trubels einlädt.

CLERVAUX

SEHENSWERTES

BENEDIKTINERABTEI ST. MAURITIUS UND ST. MAURUS

Die doppeltürmige Pfarrkirche im Ort und die Abtei am Hang gegenüber wurden beide 1910 errichtet. Die Abtei gründeten französische Benediktinermönche, die ihre Kirche nach dem romanischen

pen, der Ardennenoffensive, in Brand geschossen wurde, ehe US-amerikanische Panzer Clervaux und das ganze Land befreiten. Nach dem Krieg wurde die Burg wieder aufgebaut. Aus dem Burghof tritt man durch eine Toreinfahrt in einen umbauten Innenhof. Die sorgsam restaurierten Gebäudeteile beherbergen heute drei Museen.

Ziel Nummer eins in Clervaux ist die Burg mit der berühmten Fotoschau The Family of Man

Vorbild des Klosters Cluny in Burgund gestalteten. Im Inneren des strengen Gotteshauses Altäre aus dem 16. Jh., in der Krypta eine kleine Ausstellung über das Leben der Mönche.

BURG ●

Vom Marktplatz aus steigt man über eine Treppe oder durch die Fußgängerzone hinauf zur Burg, wo im Hof ein alter Panzer der US Army Wache hält: Hinweis darauf, dass das bis dahin gut erhaltene alte Gemäuer aus dem 12. Jh. 1944, beim letzten Gegenschlag der deutschen Trup-

Das *Museum der Ardennenschlacht (Mai–Okt. Di–So, Nov.–April Sa/So 10–18 Uhr)* zeigt Dokumente, Trophäen, Fotos und Kriegsgerät. Im *Burgenmuseum (Mai–Okt. Di–So, Nov.–April Sa/So 10–18 Uhr)* finden Sie Modelle der wichtigsten luxemburgischen Burganlagen. Die alles überragende Ausstellung ist jedoch Edward Steichens berühmter Fotosammlung ★ *The Family of Man (März–Dez. Mi–So 12–18 Uhr | www.steichencollections.lu)* gewidmet. Steichen wanderte 1881 im Alter von zwei Jahren mit seinen Eltern in die USA aus. In den 1920er-

IN DEN ARDENNEN

Jahren machte er zunächst Furore als Modefotograf für „Vogue" und „Vanity Fair". 1947 wurde er Direktor der Fotoabteilung des New Yorker Museum of Modern Art, für die er die Ausstellung „The Family of Man" zusammenstellte: 503 Bilder von 273 Fotografen aus 68 Ländern zeichnen subjektive, eindrucksvolle Studien von Menschen in Freude und Not, von Schönheit und Reichtum der Erde – aber auch davon, was der Mensch mit ihr angestellt hat. Seit 2003 gehört die Schau zum Unesco-Weltdokumentenerbe. Darüber hat sich ganz Clervaux zur „Cité de l'Image" – zur Stadt der zeitgenössischen Fotografie – weiterentwickelt und dekoriert den Ort und die Umgebung mit INSIDER TIPP wechselnden Open-Air-Fotoinstallationen. *(www.clervauximage.lu).*

INSIDER TIPP *Spielzeugmuseum (tgl. 9–18 Uhr)* von Clervaux, eine beeindruckende Parade von Puppenstuben, Kaufläden, Zinnsoldaten, Eisenbahnen und Blechautos aus der Kinderstube der Urgroßeltern, hat hier wieder einen Platz bekommen.

INSIDER TIPP **MANOIR KASSELSLAY**
5 km von Clervaux im Dorf *Roder* liegt dieses kleine, feine Landhotel *(6 Zi. | €)* mit einer wunderbar leichten, aromenreichen Küche *(Mo/Di geschl. | €€)* zwischen bodenständig und raffiniert, die aus Produkten der Region zubereitet wird. Gutes Preis-Leistungs-Verhältnis. Von Mittwoch bis Freitag gibt es ein kleines Menü für 30 Euro. Im Sommer wird auch auf der schönen Terrasse serviert. *Maison 21 | Roder | Tel. 95 84 71 | www.kasselslay.lu*

ESSEN & TRINKEN/ÜBERNACHTEN

LES ÉCURIES DU PARC (PÄRDSSTÄLL)
Der „Pferdestall" ist eine betriebsame Kneipe mit gutbürgerlicher Küche. Im Sommer lockt die schöne Außenterrasse mit Blick auf die Stadt. *Mo geschl. | 1, rue du Parc | Tel. 92 03 64 | www.staell.lu | €*

HOTEL INTERNATIONAL/LE CLERVAUX
Die beiden sehr komfortablen Häuser erstrecken sich über einen toll renovierten alten Gebäudekomplex der Fußgängerzone. Im *International (68 Zi. | 10, Grand-rue | Tel. 92 93 91 | www.interclervaux.lu | €–€€€)* übernachten Sie in schönen Zimmern und Suiten in sechs verschiedenen Kategorien. Außerdem gibt es drei Restaurants und einen großen, luxuriösen Wellnessbereich. Das Boutique- und Designhotel *Le Clervaux (9, Grand-rue | Tel. 9 211051 | www.le-clervaux.com | €€€)* wartet mit 22 Luxussuiten auf. Auch das beliebte kleine

AUSKUNFT

TOURIST CENTER CLERVAUX
11, Grand-rue | Tel. 92 00 72 | www.destination-clervaux.lu

MARCO POLO HIGHLIGHTS

⭐ The Family of Man
Edward Steichens berühmte Fotosammlung aus dem Museum of Modern Art in New York als Geschenk an sein Heimatland Luxemburg → S. 68

⭐ Burg Vianden
In einer Landschaft wie aus dem Bilderbuch erhebt sich die mächtige mittelalterliche Anlage → S. 72

⭐ Tal der Our
Die Ruheoase lädt zu herrlichen Wanderungen durch unberührte Natur → S. 74

CLERVAUX

ZIELE IN DER UMGEBUNG

ASSELBORN (125 D3) (*m* C6)
Im Dorf Asselborn 8 km nordwestlich von Clervaux biegt man ab ins Tal des Eimeschbachs, wo nach wenigen Kilometern die alte INSIDER TIPP *Asselborner Mühle* auftaucht: ein schön renoviertes Anwesen in traumhafter Lage, das heute das Hotel *Vieux Moulin d'Asselborn (Maison 158 | Tel. 99 86 16 | www.hotelvieux moulin.lu | €)* mit 15 rustikal eingerichteten Zimmern, ein Restaurant und ein kleines Mühlenmuseum beherbergt. Unter gleicher Leitung steht in der Ortsmitte das originelle Hotelrestaurant *Relais Postal (8 Zi. | Maison 164 | Tel. 2 78 09 61 | relaispostal.lu | €)* in einer ehemaligen Poststation an der 500 Jahre alten Route von Brüssel nach Italien, ebenfalls mit kleinem Museum und einem sehr guten Bistro.

BINSFELD (125 D3) (*m* C6)
Wenige Kilometer nördlich von Clervaux findet man im restaurierten Gebäude einer alten Schäferei das sachkundig und liebevoll eingerichtete Landmuseum *A Schiewesch (Ostern–Okt. tgl. 14–18 Uhr, sonst n. V. | Tel. 97 98 20 | www.musee binsfeld.lu)*: kein nostalgisches Kitschpanorama, sondern eine phantasievoll aufbereitete Revue von zwei Jahrhunderten Leben und Arbeiten auf dem Land.

HACHIVILLE (124 C3) (*m* B6)
In diesem unscheinbaren Dorf gut 10 km nordwestlich verbirgt sich in der barocken *Dorfkirche (tgl. 9–18 Uhr)* einer der ganz großen Kunstschätze des Landes: ein spätgotischer Schnitzaltar aus dem 16. Jh. mit Szenen aus dem Leben und Leiden Christi. Der Altar gehörte ursprünglich zur Helzinger Klause, einer kleinen Einsiedlerkapelle in der Nähe des Dorfs – aber an diesem beschaulichen, friedlichen Pilgerort war er nicht mehr sicher, weshalb er seit 1976 nur noch in der Kirche hinter Gittern zu sehen ist.

HULDANGE (125 D2) (*m* C5)
Ganz im Norden verblüfft dieser kleine Ort (350 Ew.) mit dem eleganten *Restaurant K (Mi-Abend, Do-Abend und Mo/Di geschl. | 2, rue de Stavelot | Tel. 9 79 05 61 | www.k-restaurant.lu | €€–€€€)*, wo Sie vorzügliche Küche serviert bekommen. Daneben gibt es in der angeschlossenen Brasserie *(Mo geschl. | €)* Deftiges zum kleineren Preis.

Der Schnitzaltar von Hachiville: große Kunst im kleinen Dorf

IN DEN ARDENNEN

TROISVIERGES (125 D3) (*m C6*)

Die drei Jungfrauen Spes, Fides und Caritas („Hoffnung", „Glaube" und „Nächstenliebe"), nach denen der 10 km nördlich von Clervaux gelegene Ort benannt ist, stehen als gotische Schnitzfiguren auf dem Seitenaltar der ehemaligen *Franziskanerklosterkirche (tgl. 8–17 Uhr)* inmitten des Orts. Die Kirche entfaltet mit ihrem imposanten Hauptaltar in dieser kargen Gegend eine ungewohnte barocke Pracht.

Troisvierges ist auch Ausgangspunkt für zwei bemerkenswerte Radtouren (Anreise mit der Bahn möglich, Infos unter *www.lvi.lu*): Die 25 km lange ❄ Rundtour *Panorama* führt über die Hochebenen und durch die idyllischen Dörfer des Naturparks Our. Sie bietet unterwegs herrliche Fernsichten. Die 30-km-Tour *Jardins à suivre* streift sieben von Künstlern angelegte Gärten. Am Ziel in Clervaux können Sie mit der Bahn zurück- oder weiterfahren.

URSPELT (125 D4) (*m C–D6*)

Mitten in dem winzigen Dorf 4 km nördlich von Clervaux prangt in barocken Schlossmauern das Hotel *Château d'Urspelt (56 Zi. | Tel. 26 90 56 10 | www.chateau-urspelt.lu | €–€€)*. Es gibt recht preisgünstige, moderne Zimmer, eine schöne Hochzeitssuite und eine gute Brasserie (€€) sowie einen gastlichen Innenhof mit Wintergartenlounge und ein Spa mit Outdoorpool.

WEISWAMPACH (125 E3) (*m D5*)

Zwei künstliche Seen am Ortsrand ziehen 15 km nördlich von Clervaux Badefreunde und Wassersportler in diese nördlichste Ecke des Landes. Im nahen Holler steht eine außergewöhnlich schöne **INSIDER TIPP** *Dorfkirche (Schlüssel im Pfarrhaus | Tel. 99 82 54)* aus dem 14. Jh. mit Wandfresken und einem barocken Altar.

VIANDEN

(125 F6) (*m E8*) **Egal, aus welcher Richtung man sich Vianden nähert, der erste Blickfang ist stets die riesige Burg, die sich auf einem Felsen über dem Tal der Our erhebt – einfach märchenhaft.**

Rund 1000 Jahre wurde an ihr gebaut. Heute zieht die mittelalterliche Burganlage jährlich um die 200 000 Besucher an. Da kann es vorkommen, dass die engen Gassen des gemütlichen Örtchens (1850 Ew.) im Sommer am Wochenende überquellen oder Hotels und Restaurants ausgebucht sind. Im Herbst und Winter dagegen ist der Ort ein ruhiges Idyll.

Das geschlossene Straßenbild der *Grandrue* mit ihren alten Adels- und Bürgerhäusern, die *Trinitarierabtei*, das alte *Ge-*

LOW BUDG€T

Preiswert bzw. kostenlos sind die kleinen Museen *Asselborner Mühle* und *Posteck* und die 14-Uhr-Führung im *Kupfergrubenmuseum Stolzembourg* sowie die Besichtigung der unterirdischen Kommandozentrale des *Pumpspeicherwerks Vianden*.

Von den vielen kostenlosen Themenwanderwegen quer durch die Ardennen ist der *Klangwanderweg* bei Hoscheid sicher einer der schönsten. Auf einer Strecke von 6,5 km passiert man 14 von Bildhauern geschaffene Klangskulpturen, die man selbst „bespielen" kann – auch für Kinder immer eine Attraktion. Start am Rathaus Hoscheid *(4, Lisseneck)*, wo auch eine Infotafel steht.

VIANDEN

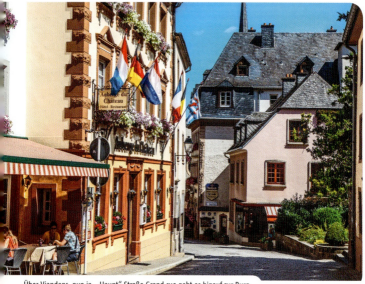

Über Viandens, nun ja, „Haupt"-Straße Grand-rue geht es hinauf zur Burg

richtskreuz, das feudale *Renaissancerathaus* und die Reste der Ringmauer mit dem einstigen Wachturm *Hockelsturm* vermitteln noch viel von der Atmosphäre einer mächtigen mittelalterlichen Residenz. Die abwechslungsreiche Umgebung Viandens lädt zu ausgedehnten Wanderungen ein.

SEHENSWERTES

BURG VIANDEN ★

Sie sollten sich die Zeit nehmen und vom Ufer der Our durch die lang gestreckte, leicht ansteigende Grand-rue mit ihren eng aneinandergeschmiegten, schönen alten Häusern zur Burg hochlaufen, um einen Eindruck vom Gesamtensemble Stadt und Burg Vianden zu bekommen. Dabei können Sie sich an den ausgeschilderten Weg „Intra muros – extra muros" (ca. 1,4 km) halten. Wenn müde Füße Sie plagen, bringt Sie auch ein *Touristenbähnchen* oder ein *Sessellift (39, rue du Sanatorium | Ostern–Mitte Okt. tgl. 10–17 Uhr)* hinauf. Oben im ☼ Burghof besticht erst einmal der wunderschöne Blick auf den Ort und das Tal der Our. Danach kann man – wer will, für mehrere Stunden – in der weitläufigen Burg und ihrer Geschichte versinken.

Die gewaltige Anlage ist 85 m lang und 30 m breit. Die Grundmauern dürften aus dem 10. und 11. Jh. stammen, als die Herren von Vianden aus der Eifel hierherzogen und zu den mächtigsten Herren zwischen Rhein, Mosel und Maas zählten. Im 15. Jh. verlor Vianden seinen Rang als Residenz und verfiel. 1820 wurde die Burg von König Wilhelm I. zum Abriss versteigert.

Der Rundgang durch die mit großem Aufwand restaurierte Burganlage beginnt im *Kleinen Palas* (Ende 12. Jh.) und führt Sie u. a. durch den Waffensaal, die untere Kapelle und eine Ritterstube über

IN DEN ARDENNEN

einen Wehrgang in den repräsentativen *Byzantinischen Saal* im ersten Stock des Komplexes. Von hier aus bietet sich ein schöner Ausblick durch die mächtigen Kleeblattfenster hinunter ins Tal. Der *Große Palas* vom Anfang des 13. Jhs. beherbergt einige weitere Festsäle und einen großen Rittersaal mit schönen Stilmöbeln. Eindrucksvoll ist die zehneckige Burgkapelle, die über eine Öffnung mit der direkt darunter gelegenen unteren Kapelle verbunden ist, wo sich einst das einfache Volk versammelte. In einem kleinen Burgmuseum werden die verschiedenen Bauphasen der Anlage anschaulich dargestellt.

In den Sommermonaten belebt ein reichhaltiges Kulturprogramm das ganze Burggelände. Höhepunkt ist die mittelalterliche Festwoche mit Ritterkämpfen, Festgelagen und alter Musik Anfang August. Zusätzlich sind den ganzen Mai über im Rittersaal die Ergebnisse des alljährlich vom Karikaturenmuseum veranstalteten internationalen Cartoonfestivals zu sehen. *März und Okt. tgl. 10–17, April–Sept. 10–18, Nov.–Feb. 10–16 Uhr | Auskunft und Führungen Tel. 84 92 91 | www.castle-vianden.lu*

GESCHICHTSMUSEUM

Das Museum zeigt ein buntes Sammelsurium zur 1000-jährigen Stadtgeschichte, schöne Wohninterieurs aus dem 18./19. Jh., eine Bäckereiausstellung sowie eine Schau über den Nationaldichter Dicks. *96–98, Grand-rue | Ostern–Mitte Okt. Di–So 11–17 Uhr*

KARIKATUREN- UND CARTOONMUSEUM

Originelle Ausstellung mit Werken nationaler und internationaler Karikaturisten. *34, Grand-rue | Mitte Mai–Aug. Di–So 13–17 Uhr und n. V. | Tel. 6 21 28 37 90 | www.caricature.eu*

TRINITARIERKIRCHE ●

Die einstige Abteikirche in der Altstadt (13. Jh), von den Grafen von Vianden gestiftet, ist ein bauliches Kuriosum: Sie bestand zunächst aus zwei symmetrischen Kirchenschiffen, von denen eines dem Orden und eines der gemeinen Bevölkerung vorbehalten war. Erst 1644 wurde durch den nachträglichen Einbau eines Chors in die Osthälfte diese Symmetrie verändert. Sehenswert sind die Renaissance- bzw. Rokokoaltäre, das kunstvoll verzierte Chorgestühl und die Kanzel, die ursprünglich für die Luxemburger Kathedrale geschaffen worden war. Hinter der Kirche lädt der schöne *gotische Kreuzgang* der ehemaligen Abtei mit den Grabmälern des Viandener Grafengeschlechts zum Ausruhen ein. *Tgl. 9–18 Uhr*

INSIDER TIPP ▸ VICTOR-HUGO-MUSEUM

„Eure Stadt ist nicht bekannt genug, sie ist nicht so bekannt, wie es verdient. Ich werde alles tun, was ich vermag, um sie besser bekannt zu machen und um zu ihrem Wohlstand beizutragen", schrieb Victor Hugo 1863. Der große französische Dichter der Romantik war zwischen 1862 und 1871 viermal in Vianden. Zuerst als Tourist, 1871 dann aber als Exilant, der von der belgischen Regierung wegen seiner Verbindungen zum Aufstand der Commune in Paris des Landes verwiesen worden war. Vom 8. Juni bis zum 22. August jenes Jahres wohnte er in dem Häuschen an der Ourbrücke, in dem sich heute das Museum befindet. In dieser Zeit schrieb er Gedichte, führte Tagebuch über seine Ausflüge und fertigte eine Vielzahl kunstvoller Zeichnungen von Luxemburger Burgen und Landschaften an. Tauchen Sie ein in dieses interessante Leben – in einer modernen, multimedialen Präsentation in einem kleinen, charmanten Museum. *37, rue de la Gare | Di–So 11–17 Uhr | www.victor-hugo.lu*

VIANDEN

ESSEN & TRINKEN/ÜBERNACHTEN

AUBERGE AAL VEINEN BEIM HUNN
Hier nächtigt man gemütlich, gut und preiswert in altem Fachwerkgemäuer und verspeist Deftiges vom Holzkohlengrill. *9 Zi. | 114, Grand-rue | Tel. 83 43 68 | vianden.beimhunn.lu | €*

BELLEVUE
Dieses moderne Hotel wird ökologisch bewirtschaftet und ist behindertengerecht eingerichtet. Es gibt Familienzimmer, die Platz für bis zu fünf Personen bieten. *53 Zi. | 3, rue de la Gare | Tel. 83 41 27 | www.hotelbv.com | €–€€*

LE BELVÉDÈRE
Gepflegtes Haus oberhalb der Stadt mit schönem Blick auf die Burg vis-à-vis und gutem Restaurant. *16 Zi. | 4, route de Diekirch | Tel. 26 87 42 44 | www.hotelbelvedere.lu | €–€€*

PETRY
Im Hotel Petry wohnen Sie in modernen Zimmern am Ufer der Our. Es wird gute, preiswerte Küche angeboten. *26 Zi. | 15, rue de la Gare | Tel. 83 41 22 | www.hotelpetry.com | €*

VICTOR HUGO
Hier soll der Dichter seinen Dämmerschoppen genommen haben. Die Zimmer sind renoviert, das Restaurant bietet gute Küche. *20 Zi. | 1, rue Victor Hugo | Tel. 8 34 16 01 | www.hotelvictorhugo.lu | €*

FREIZEIT & SPORT

HOCHSEILGARTEN TREE CLIMBER
Von der Bergstation des Sessellifts führt ein schöner Parcours über acht Stationen. Für Kinder gibts Fahrten mit Elektroquads und Ausritte auf Ardenner Pferden. *April–Okt. | obligatorische Anmeldung unter Tel. 6 91 90 12 23 | www.vianden-info.lu*

NATURWANDERPARK DELUX
23 Rundwanderwege führen durch die Naturparks Südeifel, Nordeifel und Our. Neun davon sind grenzüberschreitende deutsch-luxemburgische Touren, in die Sie gut von Vianden aus einsteigen können. *www.naturwanderpark.eu*

AM ABEND

ANCIEN CINÉMA
Das originellste Lokal weit und breit: Aus dem alten Kino der 1960er-Jahre wurde ein stilvoller neuer Kino- und Musikclub mit Cafébar und Kunstgalerie. *23, Grand-rue | anciencinema.lu*

AUSKUNFT

SYNDICAT D'INITIATIVE
1a, rue du Vieux Marché | Tel. 83 42 57 | www.vianden-info.lu

ZIELE IN DER UMGEBUNG

PUMPSPEICHERWERK VIANDEN
(125 F6) (*E8*)
Oberhalb von Vianden ist die Our auf einer Länge von 8 km zu einem See aufgestaut, der ein Wasserkraftwerk antreibt. Die unterirdische Zentrale dieses größten Pumpspeicherwerks Europas können Sie kostenlos besichtigen. Führungen für Gruppen auf Voranmeldung. *Société Électrique de l'Our | Ostern–Sept. tgl. 10–20, Okt.–Ostern 10–16 Uhr | Tel. 8 49 03 11 | www.seo.lu*

TAL DER OUR ★
(125 E–F 3–6) (*D–E 5–8*)
Das stille, verwinkelte Tal des Grenzflusses zu Deutschland ist vor allem auf dem Abschnitt zwischen Vianden und dem

IN DEN ARDENNEN

Mit etwas Glück im Naturpark Our zu sehen: der seltene Blauschillernde Feuerfalter

Dreiländereck bei Ouren eine der besonders schönen und unberührten Ecken des Landes. Schon bei einer gemächlichen Fahrt mit dem Auto oder dem Fahrrad über die enge, baumbestandene Uferstraße erschließt sich ihr Reiz. Viel mehr aber noch, wenn man das Auto stehen lässt und einfach draufloswandert: am Stausee entlang oder später am flachen, gewundenen Fluss, quer durch Auen und Wälder oder gezielt zu einer der Burgen in der Nähe, etwa zur *Burg Roth* (128 C1) *(*📖 *E8)* südlich oder zur Burgruine *Stolzembourg* (125 F6) *(*📖 *D8)* nördlich von Vianden. Hier führt auch ein geologischer Lehrpfad zum sehenswerten *Kupfergrubenmuseum (4 a, rue Principale | Ostern–Mitte Juli So, Mitte Juli–Aug. tgl. 14–18 Uhr, sonst n. V. | Tel. 84 93 25 27 | www.stolzembourg.lu)* mit Bergwerksstollen im Dorf Stolzembourg. Wer die pure Natur sucht: Ab Dasburg führt nur noch ein 20 km langer, INSIDER TIPP einsamer Wanderweg längs der Our nach Lieler zum Monument der drei Grenzen zwischen Luxemburg, Belgien und Deutschland.

Der *Naturpark Our* versucht wie der benachbarte Naturpark Obersauer alle Aktivitäten unter dem Motto Ökologie und nachhaltiger Tourismus zusammenzuführen. Es gibt entsprechende Themenwanderwege, z. B. durch das Naturschutzgebiet *Cornelysmillen* bei Troisvierges oder die vier „Nat'Our-Routen" von insgesamt 56 km Länge durch die Naturparks Our und Südeifel. Für Einsteiger sehr schön: die *Ourdall-Promenade* (8,5 km) zwischen Vianden und Stolzembourg.

Das Herz des Naturparks schlägt im *Parc Housen* in Hosingen (125 E5) *(*📖 *D7)*. Hier ist zum einen das *Naturparkcenter (Mo–Fr 9–17 Uhr | www.naturpark-our.lu)* mit einem Infopoint und einer eindrucksvollen multimedialen Dauerausstellung zu allen Themen und Aktivitäten des Naturparks untergebracht. Zum anderen finden Sie hier ein großes ökologisches

WILTZ

Freizeitzentrum *(Centre Écologique et Touristique Parc Housen | 12, parc | Tel. 92 95 98-7 00 | www.sispolo.lu)* mit einer Jugendherberge, einem Restaurant *(Sa/So geschl. | €)*, einem Erlebnisbad und weiteren Sport- und Freizeitangeboten.

haff *(Mo geschl. | 83, Haaptstrooss | Tel. 9 21 74 51 | www.destination-clervaux.lu | €)*, ein umgebauter Bauernhof mit kleiner Hausbrauerei (u. a. Buchweizenbier); serviert wird deftige Luxemburger Hausmannskost. Auch zehn Gästezimmer gehören dazu. Von Mai bis Oktober findet am letzten Samstag des Monats hier von 10 bis 16 Uhr immer der große 🌿 *Ourdaller Markt* mit vielen Anbietern aus der Region statt.

WILTZ

(124 C5–6) (*B–C8*) **Mit 4800 Ew. ist Wiltz die „Hauptstadt" des Öslings. Bis in die Mitte des 19. Jhs. war sie mit ihren Gerbereien, Papiermühlen, Webereien und Brauereien sogar ein bedeutender Wirtschaftsfaktor des Landes; dann lief ihr die Schwerindustrie im Süden den Rang ab.**

Wiltz besteht aus zwei Ortsteilen: *Niederwiltz* breitet sich im Tal der Wiltz aus, wo bereits im 11. Jh. eine erste Burg stand. Das attraktivere *Oberwiltz* liegt auf einem Bergrücken über dem Tal und ist mit dem dominierenden Renaissanceschloss, einem prächtigen Renaissancerathaus, den malerischen Häusern des Dorfkerns und der Pfarrkirche Notre-Dame ein gern besuchter Touristenort. Das alljährliche *Geenzefest* (Ginsterfest) am Pfingstmontag, wenn die ganze Gegend in Ginstergelb erblüht, und das vierwöchige *Festival International de Wiltz* im Juli, ein hochkarätiger Musik- und Theaterreigen auf der Freilichtbühne am Schloss, sind die kulturellen Highlights der Saison.

Justizkreuz vor dem sehenswerten Renaissancerathaus von Wiltz

Ein weiteres praktisch gelebtes Stück Naturpark finden Sie in *Heinerscheid* (125 E3) (*D6*). Das Dorf liegt auf einer der für die Ardennen typischen Hochebenen zwischen den Flüssen Clerf und Our. Mitten im Ort steht der INSIDERTIPP *Cornelys-*

SEHENSWERTES

BRAUEREIMUSEUM
Hier lebt die Tradition der Bierbrauer wieder auf, für die Wiltz einst bekannt

IN DEN ARDENNEN

war. Das Museum in einem Gebäudetrakt des Schlosses präsentiert eine Sammlung von Bierutensilien wie alte Krüge und kunstvoll gearbeitete Zapfanlagen aus der Jugendstilepoche. In der angeschlossenen „kleinsten Brauerei der Welt" kann man unter fachkundiger Anleitung eines Braumeisters INSIDER TIPP sein eigenes Bier brauen *(für Gruppen nach Anmeldung unter Tel. 95 74 44). Juli/Aug. tgl. 10–18, Sept.–Juni Mo–Sa 9–12 und 14–17 Uhr*

JARDIN DE WILTZ
Künstler, Gärtner, Behinderte und Arbeitslose haben gemeinsam einen phantasievollen Kunstgarten geschaffen: Auf verschlungenen Wegen geht es über kleine Brücken und durch verwunschene grüne Tunnel zu lauschigen Minioasen mit Wasserinstallationen, Skulpturen und Ruhebänken. Eigenwillig und schön! *10, rue de la Montagne | tagsüber frei zugänglich*

SCHLOSS
Schon im 12. Jh. wurde die alte Burg im Tal von einer neuen auf dem Berg abgelöst, um so das Tal besser kontrollieren zu können. Von dieser Anlage ist jedoch nur noch der *Hexenturm* im Schlossgarten übrig geblieben. Die heutige Anlage entstand zwischen 1631 und 1727. Die Frontseite mit zwei imposanten Freitreppen dient im Sommer als eindrucksvolle Kulisse für das Festival de Wiltz. Der Schlossgarten vor der Treppe wird dann bestuhlt und von einer riesigen Zeltplane überdacht.

ESSEN & TRINKEN/ÜBERNACHTEN

AUX ANCIENNES TANNERIES
Das Hotel ist stilvoll eingerichtet in den Räumen einer ehemaligen Gerberei. Dazu gehört ein gemütliches Restaurant *(Sa-Mittag geschl.)*. *16 Zi. | 42a, rue Jos Simon | Tel. 95 75 99 | www.auxanciennestanneries.com | €*

VIEUX CHÂTEAU
Komfortables Haus in schöner Lage neben dem Schloss. Exquisite Küche *(Mo/Di geschl. | €€)*, gutes Preis-Leistungs-Verhältnis. *8 Zi. | 1–3, Grand-rue | Tel. 95 80 18 | www.hotelvchateau.com | €*

AUSKUNFT

TOURIST INFO WILTZ
Im Schloss | Tel. 95 74 44 | www.touristinfowiltz.lu

ZIELE IN DER UMGEBUNG

KIISCHPELT (125 D5) (*C7*)
Im stillen, idyllischen Tal der Clerve liegt östlich von Wiltz ein Gemeindeverbund mit dem schönen Namen „Kirchspiel". Mittelpunkt ist *Wilwerwiltz*; im benachbarten *Enscherange* kann man in der historischen *Rackesmühle* aus dem 14. Jh. beim Kornmahlen zuschauen. In *Pintsch* lohnt der Besuch der hübschen *Dorfkirche (Schlüssel im Gasthaus gegenüber)* mit ihrer üppigen Barockausstattung. *Kautenbach* ist Ausgangspunkt des reizvollen Wandertrails INSIDER TIPP *Escapardenne.* Er führt in mehreren Etappen von jeweils ca. 20 km durch die schönsten Abschnitte der Ardennen: zunächst über Clervaux nach Asselborn und von dort über die Grenze nach Belgien bis La Roche-en-Ardenne (104 km). In die andere Richtung gehts von Kautenbach über steile Pfade und schmale Felskämme nach Ettelbruck (54 km). Die Agenturen *Europ'Aventure (www.europaventure.be)* und *Trek Aventure (www.trekaventure.com)* bieten auf diesen Strecken Wandern ohne Gepäck an.

DER SÜDEN

Man sieht es ihm heute kaum noch an: Der Süden des Landes hat in den letzten 150 Jahren einiges durchgemacht und dabei mehrmals sein Gesicht verändert. Mitte des 19. Jhs., als man begann, die eisenerzhaltige Erde abzubauen, setzte ein regelrechter Treck nach Süden ein.

Zuerst kamen die Bauern aus dem Norden, dann Deutsche, Franzosen, Belgier, Italiener und Portugiesen – die „Minettsdäpp": Bergarbeiter, die sich um die ehemaligen Bauerndörfer Esch, Dudelange, Differdange und Pétange (allesamt Grenzstädte zu Frankreich) niederließen. Stollen wurden in die Erde gegraben, Siedlungen angelegt, bald darauf entstanden die ersten Hüttenwerke, die die ländliche Region vollends zum Industrierevier ummodelten.

Der erste Hochofen wurde 1871 in Esch errichtet, wo sich 1911 auch das größte Stahlunternehmen, die Arbed, niederließ. Schnell wuchsen die Dörfer zu Städten mit repräsentativen Wohn- und Geschäftshäusern und ausgedehnten Arbeitersiedlungen an. Rund ein Drittel der Gesamtbevölkerung hatte sich hier niedergelassen und sorgte für Wohlstand im ganzen Land – bis in den 1970er-Jahren die Krise kam. Die Erzgruben waren unrentabel geworden, die Stahlindustrie hatte Absatzprobleme. Arbeitsplätze wurden drastisch reduziert, die gröbsten sozialen Härten konnten jedoch ausgeglichen werden, nicht zuletzt, weil in der Hauptstadt mit den Banken neue Goldgruben erschlossen wurden, die den Wandel erleichterten.

Bild: Einkaufsstraße rue de l'Alzette in Esch

Eisenerz, grüne Canyons und eine moderne Uni: Das „Land der roten Erde" erlebt einen wirtschaftlichen und kulturellen Wandel

Heute wächst buchstäblich Gras über der roten Erde: Die einstigen Erzabbaugebiete, die mit ihren steilen Abbruchkanten wie Canyons in die Gegend ragen, sind jetzt Naturschutzgebiete mit reicher Flora und Fauna, die auf ausgewiesenen Wegen zu ungewöhnlichen Wanderungen einladen.

Die Arbed ist durch mehrere Fusionen inzwischen zwar zum Global Player und unter dem Namen Arcelor-Mittal zum größten Stahlkonzern der Welt aufgestiegen, aber stets anfällig gegen Krisen auf dem Weltmarkt. Die Städte des Südens haben ihr Image als graue Mäuse abgestreift und zeigen selbstbewusst her, was sie zu bieten haben: interessante Architektur, die lange unter dem Ruß verborgen war, eine multikulturelle Bevölkerung, die Leben in die Städte bringt, ambitionierte Künstler, Kulturarbeiter und Gastronomen, die hier attraktive Gegengewichte zur Hauptstadt geschaffen haben. Auch die neue Luxemburger Universität, die auf ehemaligem Hüttengelände entstanden ist, macht diesen Wandel

ESCH-SUR-ALZETTE

Industriebrache, Unicampus, Hochofen, Szenecafés: spannendes Belval

vom rußigen „Land der Roten Erde" zur hippen „Red Rock Region" sinnfällig.

ESCH-SUR-ALZETTE

(130 B6) (*C14*) **Esch-sur-Alzette (32 000 Ew.) ist die zweitgrößte Stadt des Landes und Wirtschafts-, Verwaltungs- sowie kulturelles Zentrum des Industrie**reviers. Über 50 Prozent der Einwohner sind Ausländer aus 50 Nationen. Wenn auf dem Rathausplatz (Freitag) oder der place de la Résistance (Dienstag) Wochenmarkt ist, wähnt man sich auf einem Basar der Kulturen.

Auch die Stadt selbst hat sich fein herausgeputzt. Die Fußgängerzone in der Einkaufsstraße rue de l'Alzette hat Peter Rice gestaltet, der auch am futuristischen Pariser Stadtviertel La Défense mitwirkte. Seine beschwingten stählernen Ornamente ergänzen sich auf ungewöhnliche, harmonische Weise mit den schönen Gründerzeit- und Jugendstilfassaden. Die Vielfalt an Baustilen macht Esch-sur-Alzette zu einem Schmelztiegel europäischer Architektur.

SEHENSWERTES

BELVAL ⭐

Ein hypermodernes, neues Stadtviertel wächst rings um die zwei verbliebenen Hochöfen von Esch-Belval. Auf der ehemaligen Industriebrache entstanden Wohnungen, Büros, das Einkaufs- und Freizeitzentrum ● *Belvalplaza (www.belvalplaza.com)*, ein Unicampus, ein Zentrum für Industriekultur, trendige Lokale sowie die *Rockhal (www.rockhal.lu)*, eine Eventhalle mit Topacts aus aller Welt. Einen der beiden *Hochöfen (April–Okt. Mi–Fr 12–19, Sa 10–18, So 14–18 Uhr)* kann man besteigen und von oben die Aussicht auf das neue Belval genießen, das zum Zukunftslabor des ganzen Großherzogtums werden könnte. Vom Bahnhof Esch können Sie **INSIDER TIPP** mit dem Zug oder dem Leihrad kostenlos nach Belval fahren. www.fonds-belval.lu

NATIONALES WIDERSTANDSMUSEUM

Wie ein Menetekel steht dieser Bau an der place de la Résistance. Im Museum sind zahlreiche Dokumente des Wider-

DER SÜDEN

stands der Bevölkerung gegen die Herrschaft der Nationalsozialisten zu sehen. *Place de la Résistance | Mi–So 14–18 Uhr | www.musee-resistance.lu*

SPAZIERGANG

ARCHITEK-TOUR
In der industriellen Blütezeit Eschs Ende des 19./Anfang des 20. Jhs. errichteten die Stahlbarone eine ganze Reihe repräsentativer Stadthäuser im Stil des Klassizismus, der Gründerzeit, im Jugendstil und Art déco, vorwiegend in der heutigen Fußgängerzone, der rue de l'Alzette. Diese aufregende Mischung aus französischen, italienischen und deutschen Baustilen innerhalb einer Epoche, die zu einem großen architektonischen Ganzen zusammengewachsen sind, ist in dieser Form und Dichte ziemlich einmalig. Beim Spaziergang müssen Sie aber den Blick meistens in die Höhe auf die oberen Stockwerke richten, denn viele Erdgeschosse sind durch unsensible Ladeneinbauten verhunzt worden. In einer Broschüre, die Sie in der Tourist-Info erhalten, sind die schönsten Gebäude mit detaillierten Beschreibungen zu einem Rundweg von 5 km Länge zusammengefasst.

ESSEN & TRINKEN

CAFÉ DU THÉÂTRE
Kleines portugiesisches Lokal mit einfacher, sehr guter, preiswerter Küche. Spezialitäten sind die Fischgerichte und Gambas vom Grill. *Tgl. | 66, rue du Brill | Tel. 54 88 76 | €*

FREIZEIT & SPORT

ELLERGRONN
Rings um Esch führen bemerkenswerte Wanderwege durch die ehemaligen Erzabbaugebiete. Unterwegs haben Künstler ihre Landmarken hinterlassen. Man streift alte Industrieanlagen wie die INSIDER TIPP verwunschene ehemalige Erzgrube *Cockerill (tgl. 8–12 Uhr)* mit kleinem Museum im Naturschutzgebiet Ellergronn. Von hier aus kann man weitere thematische Rundwanderungen unternehmen. Auch Jogger und Mountainbiker finden hier ideale Voraussetzungen. Einkehren kann man im rustikalen Café *An der Schmëdd (Mo geschl. | rue Jean-Pierre Bausch | Tel. 26 54 32 89 | €)*.

NAHERHOLUNGSGEBIET GAALGEBIERG
Eine spektakuläre Fußgängerbrücke (mit Aufzug) führt vom Bahnhof in den alten Stadtpark von Esch, der schon in der Gründerzeit angelegt wurde und mit seiner Mischung aus französischem Ziergarten, englischem Landschaftsgarten und angrenzendem Waldgebiet eine beliebte Freizeitoase ist. Hinzu kommt der Tierpark mit einem Gehege für Wildtiere und einer „Arche" mit Haustieren wie Ziegen, Gänsen, Fasanen, Rindern und Schafen. Ein Paradies – auch für Kinder.

MARCO POLO HIGHLIGHTS

★ **Belval**
Auf der ehemaligen Industriebrache schlägt das neue Herz der „Red Rock Region" → S. 80

★ **Fond-de-Gras**
Mit der „Minièresbunn" unterwegs auf den Spuren des Bergbaus in diesem Industrie- und Eisenbahnmuseum → S. 84

★ **Nationales Bergbaumuseum Rumelange**
Fachkundige Guides lotsen Sie mit der Grubenbahn tief in einen stillgelegten Eisenerzstollen → S. 85

ESCH-SUR-ALZETTE

AM ABEND

Kulturelle Akzente setzen das *Konservatorium (50, rue d'Audun | Tel. 54 97 25),* das regelmäßig Konzerte veranstaltet, sowie das *Stadttheater (place de la Résistance | Tel. 54 09 16),* das mehrsprachige Eigenproduktionen und internationale Gastspiele anbietet. Die *Kulturfabrik (116, route de Luxembourg | Tel. 5 54 49 31 | www.kulturfabrik.lu)* in einem ehemaligen Schlachthof gilt seit vielen Jahren als wichtiger Treffpunkt der kreativen Köpfe im ganzen Land. Geboten werden ein hochrangiges Konzertprogramm zwischen Jazz, Rock und Weltmusik, sehenswertes Off-Theater sowie Film-, Literatur- und Kunstevents. Die *Brasserie K 116 (So geschl. | www.k116.lu)* mit ihrem industrieromantischen Ambiente passt gut in diesen Rahmen. In der Fußgängerzone trifft man sich im *Casablanca (110, rue de l'Alzette).* Und das kleine, sympathische Rockcafé *Pitcher (27, Grand-rue)* hat alle Moden überdauert.

ÜBERNACHTEN

HOTEL RESTAURANT ACACIA
Traditionshaus mit angenehmen Zimmern in zentraler, ruhiger Lage zwischen Bahnhof und Fußgängerzone. Das sehr gute Restaurant (€€) überzeugt mit klassischer französischer Küche. *23 Zi. | 10, rue de la Libération | Tel. 54 10 61 | www.hotel-acacia.lu | €*

THE SEVEN HOTEL
Gepflegtes Haus mitten im Park Am Galgenberg. Aus den eleganten Designerzimmern, deren 🌱 Einrichtung aus Ökomaterialien besteht, schauen Sie ringsum ins Grüne. Im Restaurant *Le Pavillon* genießt man Feines in Art-déco-Ambiente oder auf der schönen Terrasse. *14 Zi. | 50, parc Galgebierg | Tel. 54 02 28 | www.thesevenhotel.lu | €–€€€*

YOUTH HOSTEL
Die 2017 eröffnete Jugendherberge mit dem landesüblich hohen Standard wurde direkt integriert in das neu gestaltete Bahnhofsviertel. *36 Zi. | 3, boulevard John F. Kennedy | Tel. 2 62 76 64 50 | www.youthhostels.lu | €*

AUSKUNFT

ESCH CITY TOURIST OFFICE
Place de l'Hôtel de Ville | Tel. 54 16 37 | www.redrock.lu

UNI INTERNATIONAL

Die noch recht junge Uni, 2003 gegründet und symbolträchtig im alten Industrierevier Esch-Belval angesiedelt, ist *das* Zukunftsprojekt Luxemburgs. Sie soll Magnet sein für Wissenschaftler und Studenten aus der ganzen Welt, die hier vergleichsweise paradiesische Zustände vorfinden: viel Platz und Geld für Forschung und Lehre, ideale Lernbedingungen. Die über 6000 Studierenden aus über 100 Ländern werden verwöhnt mit kleinen Kursen und guter, intensiver Betreuung. Unterrichtssprachen sind Deutsch, Französisch und Englisch, Kernfächer Biomedizin, Jura und Finanzwissenschaften. Der einzige Wermutstropfen: Die Mieten sind sehr hoch, für ein Zimmer oder eine Wohnung muss man ein Drittel mehr bezahlen als in Deutschland. *wwwde.uni.lu*

DER SÜDEN

ZIELE IN DER UMGEBUNG

DUDELANGE (130 C6) (*D14*)
Das 8 km östlich gelegene Dudelange ist nach Esch und Differdange die drittgrößte Stadt im Stahlrevier (20 000 Ew.). Die einstige „Schmiede des Südens" fördert nun die Kultur: Die Fotogalerie *Nei Liicht (15, rue Dominique Lang | Di–So 14–18 Uhr)* präsentiert Ausstellungen vor allem von Künstlern aus der Region. Das *Centre National de l'Audiovisuel (1b, rue de Centenaire | Di–So 10–22 Uhr | www.cna.lu)* zeigt ebenfalls zeitgenössische Fotografie sowie im Ambiente eines renovierten Wasserturms die Dauerausstellung *The Bitter Years (Mi und Fr–So 12–18, Do 12–22 Uhr)* mit Fotos von Edward Steichen aus dem ländlichen Amerika der Jahre 1935–41. Außerdem wird im CNA das gesamte audiovisuelle Schaffen des Landes dokumentiert. In einer Mediathek können Interessierte es (auch online) einsehen. Eine städtische Kunstgalerie mit wechselnden Ausstellungen zeitgenössischer Kunst ist die *Galerie Dominique Lang (Di–So 15–19 Uhr)* im ehemaligen Wartesaal des Bahnhofs Dudelange.

Im nahen *Kayl* präsentiert Luxemburgs Starköchin Lea Linster in ihrem schicken *Pavillon Madeleine (Mo/Di geschl. | 30, rue du Moulin | Tel. 2 65 66 41 | €€)* mitten im Stadtpark feine regionale Bistroküche.

FRISANGE (131 D5) (*E14*)
In dieses unscheinbare Dorf 15 km östlich von Esch pilgern Feinschmecker aus dem ganzen Land (und natürlich auch aus Deutschland und Frankreich) zu Luxemburgs berühmtester, mehrfach ausgezeichneter Sterneköchin *Lea Linster (Mi–Fr mittags und Mo/Di geschl. | 17, route de Luxembourg | Tel. 23 66 84 11 | www.lealinster.lu | €€€)*. Übernachten können Sie

TV- und Sterneköchin Lea Linster ist sich nicht zu schade fürs Karottenwürfeln

im guten und preiswerten Hotelrestaurant *De la Frontière (18 Zi. | 52, rue Robert Schuman | Tel. 23 61 51 | www.hoteldelafrontiere.lu | €)*.

MINETT-PARK FOND-DE-GRAS (130 A5) (*B13*)
8 km westlich von Esch vor den Toren von Differdange lag früher ein wichtiges Zentrum der Eisenerzförderung. Die Bahnstrecke, auf der einst das Erz von den Stollen zu den Hochöfen transportiert wurde, ist heute die Attraktion des

ESCH-SUR-ALZETTE

idyllisch gelegenen Industrie- und Freizeitparks ★ ● *Fond-de-Gras* (Zufahrt über Differdange-Niederkorn). Von Mai bis September dampft hier an Sonn- und Feiertagen der *Train 1900,* ein Zug mit Dampflokomotive, durch das ehemalige Grubengelände.

Und dann gibt es noch die *Minièresbunn,* die Schmalspur-Grubenbahn, mit der das Erz einst aus den Stollen geholt wurde. Sie rattert teils über-, teils unterirdisch nach *Lasauvage* – der Ort ist eine alte Bergarbeitersiedlung direkt an der französischen Grenze. Beide Bahnen verkehren von Mai bis September jeden Sonntagnachmittag. Die Fahrzeiten können variieren, am besten erkundigen Sie sich vorher: *Tel. 26 50 41 24 | www.fond-de-gras.lu*

„Stationär" besichtigt werden können ein Lokschuppen mit historischen Lokomotiven und eine wieder aufgebaute Maschinenhalle von 1908, in der Maschinen und Werkzeuge aus der Eisenindustrie ausgestellt sind. Im Freigelände lagern wie Dinosaurier der Industriegeschichte ausrangierte Walzwerke, Flüssigeisenbehälter und Grubenlokomotiven. Neben dem gemütlichen Bistrocafé *Bei der Giedel (tgl. | Tel. 58 05 83 | €)* am Museumseingang veranschaulichen eine Dokumentation über den Eisenerzabbau und ein originalgetreu wieder aufgebautes Lebensmittelgeschäft vom Anfang des 20. Jhs. vergangene Zeiten.

Von hier führt auch der geologische Wanderpfad INSIDERTIPP *Giele Botter* durch das ehemalige Erzabbaugebiet: ein abenteuerlicher Spaziergang, denn wie Canyons ragen hier die Abbruchkanten der roten Erde aus der Landschaft, die nun allmählich wieder von der Natur überwuchert wird.

Im ein paar Kilometer nordöstlich gelegenen *Schouweiler* gibts im Restaurant *Toit pour Toi (mittags und Do geschl. | 2, rue du 9 Septembre | Tel. 26 37 02 32 | www.toitpourtoi.lu | €€–€€€)* ambitionierte französische Küche im schicken Bistro-Lounge-Stil. Unter gleicher Leitung steht das Landrestaurant *Guillou Campagne (Mo, Sa-Mittag und So-Abend geschl. | 17, rue de la Résistance | Tel. 37 00 08 | www.guilloucampagne.lu | €€)* im gediegen-rustikalen Ambiente eines alten Bauernhauses und mit einem kleinen Feinkostladen. Und in *Bascharage* finden Sie in der ● *Beierhaascht (So-Abend und Mo geschl. | 30 Zi. | 240, avenue de Luxembourg | Tel. 26 50 85 400 | www.beierhaascht.lu | €)* eine zünftige

LOW BUDGET

Umsonst durch die Red-Rock-Region radeln? Kein Problem: Sie leihen sich an einer der rund 50 Stationen von ● *Vel'OK (Tel. 80 06 24 56 | www.velok.lu)* in acht Ortschaften – zum Beispiel in Esch-sur-Alzette – ein Rad aus (auch E-Bikes). Besorgen Sie sich im Rathaus oder der Touristinfo zuvor eine Chipcard (gegen Vorlage von Ausweis und EC-Card) und es kann losgehen, z. B. auf den 20-km-Rundweg *PC 8 Terre Rouge.*

Ebenfalls kostenlos: Im *Bike-Park Les Terres Rouges* an der N 31 von Esch nach Kayl/Rumelange können sich Freerider und Funbiker auf einem speziellen Parcours austoben. Skater finden im *Red Rocks Skate Park (6, chemin de Bergem | www.red-rocks.lu)* in Schifflange, im *Parc and Ride (route de Thionville)* in Dudelange und im *Skatepark Pétange (place de la Libération)* ein großes Rampenparadies.

DER SÜDEN

4 km tief geht es in den Stollen hinein: Nationales Grubenmuseum Rumelange

Hausbrauerei samt Restaurant mit regionalen Produkten und Hotel nach Ökostandard sowie eine der besten Metzgereien des Landes unter einem Dach. Die Spezialitäten des Hauses sind INSIDER TIPP 24 Monate gereifter Räucherschinken und gekochter Bauernschinken nach Luxemburger Art.

Ebenfalls urig-deftig geht es im beliebten Ausflugslokal *Bache Jang (Mo geschl. | Differdange-Frontière | Tel. 58 81 27 | €)* mitten im Wald nahe den Erzgruben zu. Und beim lustigen Zuckerbäcker *Gérard (174, avenue Charlotte | Differdange-Oberkorn | www.gerard.lu)* können Sie sich Ihren individuellen Phantasiekuchen basteln lassen. Wunderbar übernachten kann man unmittelbar an der französischen Grenze im winzigen Dörfchen *Lasauvage* im *Le Presbytère (9 Zi. | 1, rue de la Crosnière | Tel. 26 58 62 | www.presbytere.lu | €)* mit Restaurant.

NATIONALES BERGBAUMUSEUM RUMELANGE ★ ● (130 C6) (*M* C14)

Ein weiterer Schwerpunkt des Eisenerzabbaus war ab der zweiten Hälfte des 19. Jhs. die Gegend um Rumelange. Ende der 1970er-Jahre wurden die Stollen stillgelegt – bis auf den *Walert-Stollen* in Rumelange 5 km südöstlich von Esch, der zu Demonstrationszwecken offen gelassen wurde. Heute dient der alte Minenschacht als Museum. Ausgebildete Führer fahren mit den Besuchern in einer Grubenbahn in den Stollen, um Abbaumethoden und technische Hilfsmittel zu erläutern. Gut 100 m unter der Erde herrschen konstant 10 Grad – warme Kleidung mitnehmen! Wer danach Appetit hat: In der *Brasserie du Musée (Di geschl. | Tel. 56 70 08 | €)* auf dem Gelände gibt es kleine und große Speisen. *April–Juni und Sept. Do–So, Juli/Aug. Di–So 14–18 (letzte Einfahrt 16.30) Uhr | www.mnm.lu*

AN DER MOSEL

An der Mosel, die in einem weiten, offenen Tal auf einer Länge von 36 km das Land im Osten zu Deutschland begrenzt, schließt sich der Kreis der Kontraste: Zur geschäftigen Hauptstadt in der Mitte, zum ländlich-gemächlichen Norden und zum rauen Charme des industriellen Südens gesellt sich nun noch der Reiz einer von Weinbergen gesäumten Flusslandschaft.

Eine Landschaft freilich, die nicht die verwinkelte Gemütlichkeit der deutschen Mosel hat, sondern sich eher spröde und zurückhaltend gibt. Der Fluss fließt in einem breiten, kanalisierten Bett träge gen Norden.

Die Weinstraße, die schon auf den Höhen bei Mondorf beginnt, stößt erst in Schengen auf die Mosel und führt nur zwischen Schengen und Remich direkt durch kleine Weindörfer. Auf diesem Abschnitt erleben Sie die Gegend als fast mediterran wirkenden, großen Naturgarten, der eines Tages zu einem grenzübergreifenden Naturpark Mosel zusammenwachsen soll. Hinter Remich verläuft die Weinstraße dann breitspurig parallel zum Fluss. Die Dörfer liegen etwas zurückgesetzt meist direkt am Fuß der Weinberge, von denen aus sich der Reiz der Mosellandschaft weit besser erschließt als aus dem flachen, breiten Tal. Wie so oft, wenn es um den Wein geht, haben die Römer ihre Hand im Spiel gehabt. So rühmte der römische Dichter Decimus Magnus Ausonius schon im Jahr 367 den Fluss mit seinen „reichen Hängen voll Bacchusduft". Heute regiert der

Wasser, Wein und ein „Europadorf" – die Weinstraße Luxemburgs ist von herber Schönheit und hat einen ganz besonderen Charme

Gott des Weins über sechs Kellereigenossenschaften, mehrere große Sektkellereien, zwei Weinmuseen, zwei Weinlehrpfade und ein Weinbauinstitut. Auch zahlreiche Kleinbetriebe, die ihren Wein noch selbst ausbauen, warten in ihrer Pröbelstube auf Besucher. Die gesamte Weinstraße zwischen Mondorf und Wasserbillig (ca. 40 km) schafft man mit dem Auto – inklusive Pause und Abstechern – bequem an einem Tag. Die interessantesten Orte werden hier in ihrer geografischen Reihenfolge flussabwärts vorgestellt.

SEHENSWERTE ORTE

MONDORF-LES-BAINS ●
(131 E5–6) (*E–F14*)
Auf den Höhen über der Mosel hat das Wasser Konjunktur. 1846 wurden hier drei schwefelhaltige Thermalquellen entdeckt. Im wunderbaren, großen *Kurpark* im Tal der Gander wurde in Mondorf (3700 Ew.) neben dem alten, inzwischen renovierten Kurhaus eine der größten Luxemburger Verwöhnoasen für Körper und Seele eröffnet. In der *Domaine Ther-*

mal, zu der auch das *Mondorf Parc Hotel (108 Zi. | rue Dr. E. Feltgen | Tel. 23 66 66 66 | www.mondorf.lu | €€–€€€)* gehört, beginnt die Entspannung im überdachten, 36 Grad warmen Ther-

SCHENGEN ★ (131 F6) (*F14*)

Alle Welt redet von Schengen, kaum einer aber weiß, dass dieser so oft zitierte Ort an der Luxemburger Mosel liegt. Wegen seiner symbolträchtigen Grenzlage

Für ein Europa ohne Grenzen: Die Skulptur in Schengen erinnert an das historische Abkommen

malschwimmbad mit Außenbecken. Sie setzt sich fort in der großzügigen Saunalandschaft u. a. mit finnischer Sauna, römischem Caldarium, türkischem Hamam und Tiroler Schwitzstüberl sowie einem 28-Grad-Freiluftbecken. Außerdem gibt es natürlich Fitnessraum, Wellnessbäder, Physiotherapie und Beautyfarm. Tagesbesuche aller Einrichtungen sind ebenso möglich wie Wochenendarrangements, Kurzurlaube und ärztlich verordnete Kuren. Sehr zu empfehlen sind auch die beiden der Therme angeschlossenen Lokale *Bistro Maus Kätti (tgl. | Tel. 23 66 65 30 | €)* und *De Jangeli (Mo/Di geschl. | Tel. 23 66 65 25 | www.dejangeli.lu | €€).*

zu Frankreich und zu Deutschland wurde hier 1985 das Schengener Abkommen unterzeichnet, in dem die Abschaffung der Personenkontrollen an den Grenzen zwischen den Erstunterzeichnerstaaten – Deutschland, Frankreich und die Beneluxstaaten – beschlossen wurde. Ein *Gedenkstein* („Accord de Schengen – Europa ouni Grenzen – L'Europe sans frontières – Grenzenloses Europa", so die Inschrift) in der Ortsmitte und eine Stahlskulptur am Moselufer erinnern an diesen Akt. Heute praktizieren 26 Staaten das Abkommen. Der Ort ist weltweit zum Symbol geworden für das moderne Europa ohne Grenzen, an das wir uns so gewöhnt haben – das plötzlich aber ins Wanken

AN DER MOSEL

geraten ist durch die politischen Krisen der letzten Jahre und die neue Europaskepsis, die sich vielerorts breitgemacht hat. Schengen steht jetzt plötzlich auch für ein Europa auf Bewährung, das neue Lösungen für die Zukunft finden muss.

Von der großen Politik merkt man vor Ort freilich wenig. Gemächlich fließt die Mosel, Besucher aus aller Welt flanieren durch die 500-Seelen-Gemeinde, die nicht viel Aufhebens macht von ihrer Popularität, nie ihre heitere Gelassenheit verliert. Mittelpunkt ist das *Schloss* von 1812, heute Headquarter einer Firma, deren Hotellerie und Gastronomie nach umfassender Renovierung des Anwesens auch für die Öffentlichkeit zugänglich sein sollen. Es steht neben dem Turm einer versunkenen Wasserburg aus dem 13. Jh., umgeben von einem schönen *Park,* der den kleinen Ortskern aus alten Winzer- und Bauernhäusern mit dem Moselufer verbindet.

Dort liegt auch der moderne Komplex des Centre Européen mit dem ● *Musée Européen Schengen (tgl. 10–17 Uhr).* Darin erfahren Sie multimedial alles über das Schengener Abkommen, über die EU allgemein und vieles, was Sie bislang noch nicht wussten von Europa. Danach kann man im Bistro nebenan mit Blick auf die Moselpromenade entspannen. Ein kleiner Steg führt zu einem Ponton auf der Mosel, wo das *Schengen Tourist Office (Tel. 23 60 93 11 | www.schengen-tourist.lu)* mit kleinem Shop über alle Aktivitäten im Dreiländereck informiert.

Zwischen den adretten Winzerhäusern in Schengen und Remerschen fällt öfter extravagante moderne Architektur mit viel Holz und Glas ins Auge. Sie stammt vom renommierten Architekten François Valentiny aus Remerschen. In Schengen hat er das *Europazentrum* und die neue *Uferpromenade* gestaltet. Besonders originell sind die Säulen, auf denen die EU-Staaten als kleine Bronzereliefs verewigt sind. Spektakulär ist auch das *Weingut Henri Ruppert (www.domaine-ruppert.lu),* das weithin sichtbar aus dem Markusberg ragt. Auf der Terrasse der Weinstube können Sie bei einem Schoppen den schönsten Sonnenuntergang an der Mosel genießen.

Im Ortsteil *Remerschen* fallen Valentinys *Dorfschule* und gleich daneben das extravagante *Youth Hostel* ins Auge. Gegenüber lädt die Genossenschaftskellerei *Vinsmoselle (32, route du vin | Di–Fr 10–18, Sa/So 10–20 Uhr)* in ihrer originellen Probierstube in Form eines alten Römerschiffs zum „Pröbeln". Im Naturschutzgebiet INSIDER TIPP *Haff Réimech,* einer stillen Idylle inmitten ehemaliger Baggerseen in der Moselaue, kann man wunderbar spazieren, Vögel beobachten und durch das neue *Biodiversum* spazieren, ebenfalls ein Werk von Valentiny, in dem die Flora und Fauna des Gebiets dokumentiert werden. Einer der Seen wurde in ein Strandbad verwandelt; dazu gehört auch das originelle Restaurant Le

---

MARCO POLO HIGHLIGHTS

★ **Schengen**
Der Geburtsort des viel zitierten Europas ohne Grenzen liegt an der Mosel → S. 88

★ **Ehnen**
Ein uriges Winzerdorf am Fuß der Weinberge → S. 91

★ **Weinbaulehrpfad**
Auf diesem 4 km langen Spaziergang in Wormeldange können Sie allerlei Interessantes über den Luxemburger Wein lernen und haben zudem eine herrliche Sicht hinunter ins Tal der Mosel → S. 93

Chalet (Mo-Abend und Di geschl. | Tel. 26 66 51 91 | www.lechalet.lu | €). Hoch über der Mosel führt ein Naturlehrpfad ins 🌿 *Naturschutzgebiet Strombierg* mit schönen Ausblicken ins Dreiländereck.

SCHWEBSANGE UND WELLENSTEIN
(131 F5) (*F14*)

In *Schwebsange* gibt es eine schöne Dorfstraße mit frei zugänglichem, kleinem *Freilichtmuseum* (Weinbrunnen, Weinpresse aus dem 13. Jh., gallorömischer Sarkophag). Das parkähnliche Moselufer dort ist am Wochenende ein beliebter Treffpunkt für Spaziergänger, Radler, Skater und Großfamilien mit Picknickkörben. Hier gibt es auch den einzigen Moselhafen für Yachten und Sportboote. In der Ortsmitte kann man in einen wunderbaren mediterranen Garten eintauchen und sich im angeschlossenen 🌿 *Zentrum für ökologische Gartenkultur (89, route du Vin | Mai–Sept. Di–Fr 14–17 Uhr, außerdem am ersten Wochenende im Monat und n. V. | Tel. 23 66 55 37 | www.mediteraner-garten.lu)* Tipps über nachhaltiges und umweltfreundliches Gärtnern holen. Wellenstein ist ein schönes, stilles Winzerdorf etwas oberhalb der Mosel mit idyllischem Dorfplatz und stattlichen, stilvoll restaurierten Winzerhäusern, die zum Teil als **INSIDER TIPP** Ferienwohnungen *(Auskunft Tel. 23 69 82 33)* vermietet werden. Im Ort befindet sich auch die größte Genossenschaftskellerei.

BECH-KLEINMACHER (131 F5) (*F13*)

Das Dorf wartet mit dem originellen kleinen *Folklore- und Weinmuseum A Possen (1, rue Aloyse Sandt | Ostern–Okt. Di–So, Nov./Dez. und März–Ostern Fr–So 11–18 Uhr | Tel. 23 69 82 33 | www.musee-possen.lu)* in einem Winzerhaus von 1617 auf: mit Himmelbett im Schlafgemach und Bauernmöbeln in der „gudden Stuff", rustikalem Porzellan, Leinen- und Spitzenwäsche und Spielzeug aus alten Zeiten. Am Ende des Rundgangs wartet eine gemütliche *Wäistuff (Di geschl.)* mit typisch Luxemburger Gerichten.

REMICH (131 F5) (*F13*)

Das ehemalige römische Remacum (3500 Ew.) ist heute ein beliebter Treff für Tanktouristen, die anschließend auf der Esplanade am Moselufer flanieren oder eine Rundfahrt mit dem Schiff unternehmen. Von Remich aus befahren von März bis Oktober ● Ausflugsschiffe die Mosel. Beliebt sind auch die Schlemmerfahrten mit der Princesse Marie-Astrid jeden Freitag: Während man an den Weinbergen

LOW BUDG€T

Im Naturschutzgebiet Haff Réimech finden Sie den schönsten Baggersee Luxemburgs. Hier kann man sich im öffentlichen *Strandbad (Remerschen | Breicherweeg)* für 3 Euro den ganzen Tag auf 25 ha Wasserfläche austoben (Extrabecken für Kinder). Badeinseln, großzügige Liegewiesen, Spielfelder, Strandbar und ein schönes Restaurant runden das Vergnügen ab. Saison ist je nach Wetter von Mai bis September.

Sonntags wird in der *Wäistuff (115, route du Vin)*, der Weinstube, in Wormeldange ganzjährig von 16 bis 20 Uhr das Tanzbein geschwungen. Für 5 Euro Eintritt ist man beim *vin dansant* (Tanz mit Livemusik) dabei – die örtliche Genossenschaft machts möglich. Der Crémant kostet hier nur ab 3,50 Euro pro Glas. Auskunft: *Cave Coopérative de Wormeldange Poll-Fabaire | Tel. 76 82 11*

AN DER MOSEL

vorbeigleitet, bekommt man ein mehrgängiges Menü mit Moselwein serviert. Auskunft: *Entente Touristique de la Moselle (10, route du Vin | Grevenmacher | Tel. 75 82 75 | www.moselle-tourist.lu)*. Auch *Navitours (Tel. 75 84 89 | www.navitours.lu)* veranstaltet neben täglichen Rundtouren Spezialfahrten mit Musik, Krimidinner oder „Men's Strip".

STADTBREDIMUS (131 F5) (*m* F13)

Das den Ort (800 Ew.) beherrschende Schloss ist heute der Sitz der Domaines Vinsmoselle *(www.vinsmoselle.lu)*. Im großen Rundpavillon *La Tourelle* ist Platz für Weinproben im größeren Kreis; auch das sehr gute Restaurant *An der Tourelle (Di/Mi geschl. | Tel. 23 69 85 11 | www.tourelle.lu | €–€€)* gehört dazu. Hinter Stadtbredimus sollten Sie die breite Moseluferstraße kurz verlassen und einen Abstecher machen ins schön gelegene *Greiveldange* und nach *Lenningen* mit seiner romanischen Dorfkirche. Auch das stille, grüne Hinterland bis ins Tal der Syre ist einen Ausflug wert.

EHNEN ★ (129 D6) (*m* F12)

Ein urtümliches Moseldorf mit historischem Dorfkern. Rings um die einzige *Rundkirche* Luxemburgs (1826) ist eine Reihe alter Bürgerhäuser aus dem 15. bis 18. Jh. erhalten geblieben. In einem stattlichen Anwesen ist das *Musée du Vin Ehnen (115, route du Vin | April–Okt. Di–So 9.30–11.30 und 14–17 Uhr, Nov.–März n. V. | Tel. 76 00 26 | www.museevin.lu)* untergebracht. Ein Musterweinberg hinter dem Haus stellt die verschiedenen Luxemburger Traubensorten vor, im Museum selbst werden mit allerlei Materialien und Gerät vom Rebmesser bis zum Fuderfass die Rebpflege und Lese sowie die Weinherstellung in ihren einzelnen Phasen demonstriert. Vom Weinmuseum führt auch ein *Geschichtlicher Rund-*

Eine Moselfahrt ist Ihnen zu spießig? Dann buchen Sie doch mit Men's Strip!

gang zu den interessantesten Gebäuden des Orts, die in einer im Museum erhältlichen Broschüre beschrieben werden. Im Museum befindet sich auch das Büro des Tourismusverbands für die Region Mosel.

GREVENMACHER (129 E5) (*m* G11)

Ein Rundgang erinnert daran, dass Grevenmacher (3300 Ew.) im Mittelalter eine stattliche Feste war. Der *Wein- und Erlebnispfad Kelsbaach* führt hoch über der Mosel anschaulich durch 2000 Jahre Weinbaugeschichte. Auf dem Grevenmacherberg wurde eine *römische Grabanlage* aus dem 2. Jh. mit Grabmal und Skulpturen rekonstruiert. Das Kulturzentrum *Maacher Kulturhuef (54, route de*

Lernen und staunen: Panoramablick vom Weinbaulehrpfad am Köppchen bei Wormeldange

Trèves | Di–So 14–18 Uhr) beherbergt ein Druckerei- und ein Spielkartenmuseum, direkt nebenan liegt der Schmetterlingsgarten *Jardin des Papillons* (s. Kapitel „Mit Kindern unterwegs").

WASSERBILLIG (129 F4) (*G11*)

Der betriebsame Grenzort (2900 Ew.) ist gesäumt von einer Allee riesiger Tankstellen-Supermärkte. Beschaulicher geht es am Moselufer zu, wo Sie auf der Uferpromenade schlendern oder Rad fahren können. Am Wochenende sorgen die Wakeboarder mit ihren waghalsigen Kunststücken für Betrieb auf dem Wasser. Am Ufer der Sauer, die hier in die Mosel mündet, lohnt ein Besuch des *Aquariums* (s. Kapitel „Mit Kindern unterwegs").

ESSEN & TRINKEN/ ÜBERNACHTEN

CASINO 2000 (131 E6) (*E14*)

Das Klein-Las-Vegas auf dem Land bietet ein Spielkasino und ein Hotel *(31 Zi. | €€–€€€), zwei Restaurants (€€–€€€), dazu eine Loungebar mit Livemusik – alles unter einem Dach. 5, rue Flammang | Mondorf-les-Bains | Tel. 23 61 12 13 | www.casino2000.lu*

INSIDER TIPP ECLUSE (131 F5) (*F13*)

Mit seinen lang gezogenen Glasfassaden und durchlaufenden Balkonbrüstungen auf drei Etagen sieht das neue, sehr gelungene Designhotel in ökologischer Bauweise aus hochwertige Naturmaterialien aus wie eines der schicken Ausflugsschiffe auf der Mosel direkt gegenüber. Auf der Vorderseite blickt man tatsächlich auf den Fluss, auf der ruhigeren Rückseite in die Weinberge. Große, helle, freundliche Zimmer, Wellnessbereich. Im Restaurant *Pier 29 (Do geschl.)* mit großer Gartenterrasse gibt es luxemburgisch-französische Gerichte aus regionalen Produkten. *35 Zi. | 29, Wäistrooss | Stadtbredimus | Tel. 23 61 91 91 | www.hotel-ecluse.lu | €–€€*

AN DER MOSEL

DOMAINE LA FORÊT (131 F5) (*F13*)
Obwohl an der Hauptstraße gelegen, ist das Viersternehotel mit Wellnessbereich eine Oase der Entspannung, auch dank seines sehr guten Restaurants. *16 Zi. | 36, route de l'Europe | Remich | Tel. 23 69 99 99 | www.hotel-la-foret.lu | €€–€€€*

L'ORÉE DU PALMBERG
(129 E6) (*G12*)
Kleines, schickes Caférestaurant in einem Winzerhaus im Weindorf Ahn. Feine französisch-luxemburgische Küche. *Mi geschl. | 1, rue de la Résistance | Tel. 76 86 98 | www.oreedupalmberg.lu | €€*

PAVILLON SAINT-MARTIN
(131 F5) (*F13*)
Gutes Terrassenrestaurant der gleichnamigen Kellerei. Nach dem Essen lohnt die Besichtigung der Felsengalerie mit Weinprobe. *Mo geschl. | 53, route de Stadtbredimus | Remich | Tel. 23 66 91 02 | www.cavesstmartin.lu | €€*

HÔTEL SAINT-NICOLAS (131 F5) (*F13*)
Direkt an der Uferpromenade von Remich mit renommiertem Restaurant *Lohengrin*. Originell sind die Wein- und Cocktailbar *Yachting* und die Wellnesslandschaft. *40 Zi. | 31, Esplanade | Remich | Tel. 2 66 63 | www.saint-nicolas.lu | €–€€*

SCHENGENER HAFF (131 F6) (*F14*)
Architektonisch extravagantes Lokal neben dem Europazentrum an der Moselpromenade. Französisch-mediterrane Küche. *Mo/Di geschl. | 2, rue Robert Goebbels | Schengen | Tel. 27 40 54 44 | www.schengenerhaff.lu | €–€€*

FREIZEIT & SPORT

Von der Genossenschaftskellerei in *Wormeldange*, dem Zentrum des Weinbaugebiets, führt ein ★ *Weinbaulehrpfad* über 4 km durch alle Lagen (Broschüre in der Kellerei). Langsam und gemächlich wandern Sie von der Ortsmitte über die Weinbergwege in die Höhe, werden unterwegs auf Schautafeln informiert, was hier alles wächst, und genießen dabei einen immer interessanter werdenden Ausblick auf das Moseltal. Höhepunkt ist die dem Schutzheiligen der Winzer geweihte *Donatus-Kapelle* auf dem *Köppchen*, der besten Rieslinglage Luxemburgs. Auf der Ruhebank vor dem Kapellchen genießen Sie das schönste Moselpanorama des Landes. Das Moselland ist auch wie geschaffen für gemächliche Radausflüge für die ganze Familie. Es gibt vier „flache" Touren rings um Schengen, Wormeldange, Grevenmacher und Wasserbillig. Für sportliche und kulturinteressierte Radler sehr interessant ist die Rundfahrt *Velo Romanum*, die auf einer Strecke von 35 km die schönsten Denkmäler der Römerzeit miteinander verknüpft. Trekkingräder für Erwachsene und Kinder sowie Spezialfahrräder für Behinderte bekommen Sie ab 7 Euro pro Tag (E-Bikes 17 Euro, inklusive Pannenservice!) an elf Verleihstationen zwischen Schengen und Wasserbillig (*www.rentabike-miselerland.lu*). Ganz ambitionierte Biker können sich auf die 88 km lange **INSIDER TIPP** Trainingsroute der ehemaligen Luxemburger Tour-de-France-Stars Andy und Fränk Schleck aus Mondorf begeben. Die Strecke führt von dort über Schengen längs der Mosel bis Grevenmacher und zurück durch das schöne hügelige Hinterland.

AUSKUNFT

TOURISMUSVERBAND REGION LUXEMBURGER MOSEL
115, route du Vin | Ehnen | Tel. 26 74 78 74 | www.visitmoselle.lu

ERLEBNISTOUREN

① LUXEMBURG PERFEKT IM ÜBERBLICK

START: ① Schengen
ZIEL: ⑲ Mondorf-les-Bains

7 Tage
reine Fahrzeit
ca. 6 Stunden

Strecke:
➡ gut 350 km

KOSTEN: ca. 1500 Euro (Benzin, Übernachtungen, Eintritte, Schiffstour, Sessellift, Busticket, Essen)
MITNEHMEN: Wanderschuhe, Regenschutz, Badesachen

ACHTUNG: Moselfahrten in ② Remich täglich von März bis Oktober

Einmal quer durchs ganze Land: Sie werden staunen, welche Vielfalt an Eindrücken und Erlebnissen Sie unterwegs in diesem kleinen Land erwartet: Weinberge

Jeder Zipfel dieser Erde hat seine eigene Schönheit. Wenn Sie Lust haben, die einzigartigen Besonderheiten dieser Region zu entdecken, wenn Sie tolle Tipps für lohnende Stopps, atemberaubende Orte, ausgewählte Restaurants oder typische Aktivitäten bekommen wollen, dann sind diese maßgeschneiderten Erlebnistouren genau das Richtige für Sie. Machen Sie sich auf den Weg und folgen Sie den Spuren der MARCO POLO Autoren – ganz bequem und mit der digitalen Routenführung, die Sie sich über den QR-Code auf S. 2/3 oder die URL in der Fußzeile zu jeder Tour downloaden können.

und Wälder, Burgen und Badeseen, Erlebnismuseen und Industrieromantik. Lassen Sie sich Zeit – auch um die kulinarischen Seiten zu genießen.

Sie starten im „Europadorf" ❶ **Schengen** → S. 88 an der Mosel. Flanieren Sie über die **Uferpromenade** mit den drei Europastelen und werfen Sie einen kurzen Blick ins **Musée Européen**. Auf der Luxemburger Weinstraße fahren Sie dann durch idyllische Dörfer nach ❷ **Remich** → S. 90. Dort gehen Sie um 12.30 Uhr mit **Navitours** auf eine kleine, 75-minütige **Moselrundfahrt** und genießen an Bord

Bild: Burgruine Esch-sur-Sûre

③ Wormeldange

13 km

④ Jardin des Papillons

23 km

⑤ Echternach

TAG 2

einen kleinen Snack oder ein Mittagsmenü. **Nächste Station ist ③ Wormeldange → S. 93**, wo Ihnen eine kleine Wanderung **ab der Genossenschaftskellerei durch die Weinberge zur Donatuskapelle auf dem Köppchen** das schönste Moselpanorama Luxemburgs beschert. Anschließend tauchen Sie im nahen Grevenmacher im **④ Jardin des Papillons → S. 113** in eine bunte, exotische Welt der Schmetterlinge ein. **Hinter Grevenmacher verlassen Sie die Mosel, biegen vor Wasserbillig links ab nach Manternach und gelangen auf einer gemütlichen Nebenstrecke über Lellig und Herborn ins Tal der Sauer nach ⑤ Echternach → S. 54**. Dort übernachten Sie in der **Hostellerie de la Basilique** direkt am schönen Marktplatz.

Ein Bummel durch das Städtchen führt Sie in die **Basilika St. Willibrord**, an Pfingsten Ziel der berühmten Springprozession. Anschließend geht es weiter: **Kurz hinter Echter-**

ERLEBNISTOUREN

nach biegen Sie links ab nach Berdorf – und tauchen gleich ein in die abenteuerliche Felsenlandschaft des ❻ **Müllerthals → S. 60**. **In Berdorf** führt Sie eine **Wanderung (Rundweg B 2, ca. 4 km, Start ab Camping Martbusch)** rings um die wilden Felsen des Adlerhorsts und der Räuberhöhle. **Über Christnach erreichen Sie dann Larochette,** wo Sie zur schönen ❼ **Burgruine Larochette → S. 59** aufsteigen. Zum Übernachten **fahren Sie über Medernach und Ermsdorf** in den gemütlichen Landgasthof ❽ **Am Häffchen → S. 60 in Wallendorf an der Sauer.**

Durch das Tal der Our geht es hinauf ins märchenhafte Burgdorf ❾ **Vianden → S. 71**. Gönnen Sie sich hier eine Fahrt mit dem **Sessellift** bis (fast) hoch zur **Burg**! Hinunter gehts dann gemütlich zu Fuß. Werfen Sie unterwegs einen Blick in die **Trinitarierkirche**, bevor Sie sich zur Kaffeepause im originellen Café **Ancien Cinéma** niederlassen. Den Nachmittag und Abend verbringen Sie mit Victor Hugo: zuerst ein Besuch im kleinen **Museum**, alles Weitere dann im gleichnamigen **Hotelrestaurant** schräg gegenüber.

Heute folgen Sie zunächst dem gewundenen Lauf der Our nach Norden. Bei Dasburg fahren Sie über ein Hochplateau runter ins Tal der Clerf nach Clervaux mit der phantastischen Fotoschau ❿ **Family of Man → S. 68**. Danach wirds rustikal: Das Freilicht-Aktivmuseum ⓫ **A Robbesscheier → S. 112 in Munshausen** hält die ganze Familie auf Trab! Im **Museumsrestaurant** lassen Sie den Tag ausklingen und das Bett ist schon gerichtet im **Sammeshaff**, einem Bauernhof **auf dem Museumsgelände.**

Eine traumhaft schöne Strecke führt Sie durch einsame Ardennendörfer nach ⓬ **Wiltz → S. 76**, wo Sie sich im **Brauereimuseum** zur Bierprobe in einem historischen Schankraum einfinden. Danach spazieren Sie durch den originellen **Jardin de Wiltz**. Anschließend ist mal wieder eine Burg fällig: **Sie fahren nach Esch-sur-Sûre,** erklimmen die ⓭ **Burgruine Esch-sur-Sûre → S. 63** und genießen von oben den Zauber dieses Orts. Am späten Nachmittag folgt noch **ein Abstecher zum Obersauer-Stausee**. Am ⓮ **Strand von Lultzhausen → S. 63** beschließen Sie den Ausflug mit einem erfrischenden Bad, bevor Sie zum Übernachten **zurückkehren nach Esch** ins Hotel ⓯ **De la Sûre**.

Kaufen Sie im **Hoflädchen** des Hotels etwas Brot, Käse, Obst und Getränke ein. **Dann gehts über Heiderscheid**

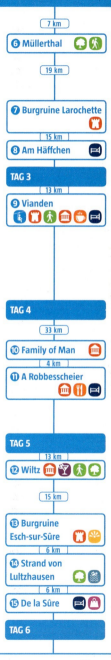

weiter nach **⓰ Bourscheid → S. 64**, wo Sie eine letzte **Burg** erklimmen und anschließend in **Bourscheid-Plage** am **Badestrand** Ihr Picknick auspacken. **Danach fahren Sie über Ettelbruck und Kopstal nach ⓱ Luxemburg-Stadt → S. 32.** Stellen Sie Ihr Auto ins Parkhaus an der Place du St-Esprit und hüpfen Sie auf der nahen Place de la Constitution in einen **Hop-on-hop-off-Bus**: So erkunden Sie in zwei, drei Stunden bequem die Stadt und machen Zwischenstopps, wo es Ihnen gefällt. **Am Abend fahren Sie dann auf der Autobahn nach ⓲ Esch-sur-Alzette → S. 80**, wo Sie im **The Seven Hotel** ruhig und komfortabel übernachten.

Vom Hotel spazieren Sie **durch den Galgebierg-Park in die Innenstadt,** schwingen sich dort auf eins der kostenlosen **Leihräder → S. 84** und erkunden zunächst die **Fußgängerzone** mit ihren schönen Gründerzeithäusern. **Danach fahren Sie auf dem Radweg raus in den neuen Stadtteil Belval,** wo Sie den alten **Hochofen** besteigen und aus luftiger Höhe die „Red-Rock-Region" bestaunen. Nach einem kleinen Shoppingbummel durch die schicke **Belvalplaza** geht es dann **per Rad auf demselben Weg zurück und danach weiter mit dem Auto längs der französischen Grenze** in die kleine Kur- und Wellnessoase **⓳ Mondorf-les-Bains → S. 87**. Dort lassen Sie die Tour entspannt ausklingen bei einem Bummel durch den herrlichen **Kurpark**, gefolgt von einem ausgiebigen Besuch des **Thermalbads**. Zu guter Letzt gönnen Sie sich eine schöne Flasche Moselwein – als Menübegleitung im feinen Restaurant **De Jangeli**. *Santé et bon appétit!*

98   Diese Touren finden Sie als App unter http://go.marcopolo.de/lux

ERLEBNISTOUREN

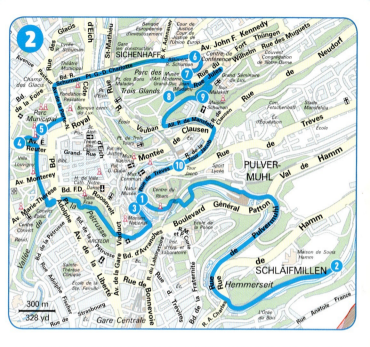

Aus dem Tal der Alzette gondeln Sie durch die grünen Parks der Stadt zum Kirchberg mit seinen Megabauten der Kultur und der EU – eine gleichermaßen spannende wie entspannende Radtour.

10:00 Leihen Sie sich ein Rad im ❶ **Bisserwé** in der kommunalen Fahrradwerkstatt *Vélo en Ville* *(Bisserwé 8 | Tel. 47 96 23 83 | delta7@pt.lu | April–Sept. Mo–Fr 8–12 und 13–20, Sa/So 10–12 und 13–20, Okt.–März Mo–Fr 8–12 und 13–15 Uhr)*. Gemütlich geht es dann auf schmalen Sträßchen – **Bisserwé, rue de Pulvermuhl und rue Godchaux** – ein Stück durch das Tal der Alzette zur romantisch gelegenen ❷ INSIDER TIPP **Schlaiffmillen** *(rue Godchaux 10 | www.schlaiffmillen.com)*. In der ehemaligen Mühle einer alten Textilfabrik arbeiten in diversen Ateliers Maler, Bildhauer und Designer. **Danach gehts auf demselben Weg wieder zurück in den Stadtteil Grund.** Dort überqueren Sie die Alzettebrücke. Direkt dahinter liegt rechts die Bäckerei ❸ **Patisserie Viaduc** *(rue Munster 1 | So geschl.)*. Kaufen Sie sich hier eine kleine Stärkung für unterwegs. **Nun biegen Sie nach links in die rue St-Ulric und dann gleich rechts ab ins Tal der Pétrusse, wo Sie**

❶ Bisserwé

3500 m

❷ Schlaiffmillen

3600 m

❸ Patisserie Viaduc

2100 m

Auf dem Kirchberg-Plateau durften sich Architekten und Künstler austoben

in einer wildromantischen Schlucht zwischen dem Altstadtfelsen und dem Plateau Bourbon dahinrollen. Unter der Adolphsbrücke führt eine Serpentine hoch in die Oberstadt. Sie überqueren die avenue Marie Thérèse und gelangen so in den ausgedehnten Grüngürtel am Westrand der City.

11:30 Sie queren noch die avenue Monterey und die avenue Émile Reuter und kommen dann zur ❹ **Villa Vauban → S. 46**, wo Sie sich ein halbes Stündchen Zeit für die alten Meister und danach für eine Rast im schönen ❺ **Stadtpark** nehmen. An Tischen, Bänken und sogar auf Liegen können Sie dort – zusammen mit vielen Luxemburgern, die hier ihre Mittagspause verbringen – bequem Ihr kleines Picknick verzehren. Wer mag, holt sich zusätzlich was Leckeres von einem der wechselnden **Food-Trucks**, die hier von Juli bis September täglich außer dienstags in der Mittagszeit Station machen. So gestärkt, radeln Sie zum boulevard Robert Schuman, der Sie zum **Kirchberg-Plateau → S. 40** führt. Sie treffen zuerst auf den schwungvollen Bau der ❻ **Philharmonie → S. 44**; der kommt bei einer Umrundung mit dem Rad besonders gut zur Geltung. Danach machen Sie halt im ❼ **Mudam → S. 41 gleich nebenan** und genießen bei einer Kaffeepause im extravaganten **Museumscafé** ausgiebig dessen Architektur: In üppigen Loungesesseln können Sie relaxen und das außergewöhnliche Flair dieses Museums auf sich wirken lassen. Schauen Sie zum Schluss unbedingt in den **Museumsshop**, wo es INSIDER TIPP schöne kleine Gimmicks von Luxemburger Designern zu kaufen gibt. **Dann geht es weiter zum benachbarten Festungsmuseum** ❽ **Dräi Eechelen → S. 42** mit den vorgelagerten Mauern und Gräben von **Fort Thüngen**, in denen Sie herumstöbern können. Eine sportlich-spannende Lektion in Festungsgeschichte!

16:00 Rechts vom Mudam rollen Sie nun über die gewundene rue Jules Wilhelm wieder ins Tal. Dabei passieren Sie schöne Gründerzeitvillen wie das ❾ **Geburtshaus von Robert Schuman → S. 39**. Unten biegen

❹ Villa Vauban
200 m
❺ Stadtpark
1700 m
❻ Philharmonie
300 m
❼ Mudam
300 m
❽ Dräi Eechelen
1300 m
❾ Geburtshaus von Robert Schuman

ERLEBNISTOUREN

Sie nach links in die **allée Pierre de Mansfeld** und radeln die **rue de la Tour Jacob** hoch zum ❿ **Jakobsturm → S. 39** mit herrlichem Panorama auf die Altstadt. **Über die rue de Trèves** geht es anschließend zurück zum ❶ **Bisserwé**. Wenn Sie Ihr Rad abgegeben haben, kehren Sie **direkt gegenüber** ein in **Oscar's Bar and Kitchen** *(tgl. | Tel. 26 20 30 15 | www.oscarsbar.lu)*. Dort können Sie bei einem Cocktail – bei schönem Wetter auch auf der Terrasse – den Abend einläuten.

③ IM TAL DER SIEBEN SCHLÖSSER

START: ❶ Burg Hollenfels
ZIEL: ❼ A Guddesch
Strecke: ca. 50 km

1 Tag
reine Fahrzeit
ca. 90 Minuten

KOSTEN: Eintritt ins ❻ **Vitarium Roost-Bissen** *(14,50 Euro, Kinder 8 Euro, verschiedene Familientarife)*, Benzin ca. 7 Euro, zuzüglich Kaffee, Mittag- und Abendessen

ACHTUNG: Buchen Sie im ❻ **Vitarium Bissen-Roost** vor der Tour frühzeitig eine Führung für 17 Uhr.

Efeu an den Alleebäumen, grüne Wiesen und Felder, Schlösser, Burgen und Kirchen zwischen Bach und Berg: Das ist die Kulisse für einen beschaulichen Ausflug ins Tal von Eisch und Attert.

10:00 Aus dem Burghof von ❶ **Burg Hollenfels** blicken Sie hinunter ins Tal der Eisch, das Sie gleich durchqueren werden. **Ein kurzes Stück bergab, und schon stehen Sie vor der Pforte von** ❷ **Schloss Ansembourg.** Der schöne Barockbau kann innen nicht besichtigt werden, wohl aber die wunderbaren **Terrassengärten** am Ufer der Attert. **Entlang der Eisch fahren Sie weiter nach Koerich** mit seinem markanten ❸ **Grevenschloss** mitten im Dorf. Flanieren Sie durch die ehemalige Wasserburg und kehren auf einen Kaffee ins 2017 eröffnete **Burgbistro** ein.

Über Hobscheid und Hovelange gelangen Sie nach ❹ **Beckerich**, das „grünste" Dorf Luxemburgs: Es versucht, seinen gesamten Energiebedarf in Eigenregie zu erzeugen. Das Kulturzentrum **D'Millen**, eine restaurierte Mühle aus dem 14. Jh., informiert Sie über dieses nachhaltige Wirtschaften. Spazieren Sie anschließend auf dem

INSIDER TIPP **Pfad des Wassers** um den Mühlteich, ein kleines Paradies mit Fröschen, Libellen und sprudelnden Miniquellen in Teichen und Tümpeln. Nun ist es aber Zeit, sich im Restaurant **An der Millen** *(Sa-Mittag, So-Abend und Mo geschl. | Tel. 26 62 10 53 | www.andermillen.lu | €–€€)* mit bodenständiger Küche aus heimischen Produkten zu stärken.

15:00 Über die Dörfer geht es weiter nach ❺ **Useldange**. Mitten im Ort erhebt sich eine mächtige **Burganlage**, die von **INSIDER TIPP** wunderschönen Gärten umgeben ist und vom Flüsschen Attert gesäumt wird. Ein **Rundweg** mit Tast- und Hörstationen macht den Besuch (nicht nur) für Sehbehinderte zu einem besonderen Erlebnis. Wiesen und Weiden säumen **das nächste Wegstück über Boevange nach Roost-Bissen.** Am Ende taucht das einem Ufo ähnliche Gebilde des ❻ **Vitariums Roost-Bissen → S. 112** auf, wo Sie als Höhepunkt der Tour eine äußerst kurzweilige Expedition durch die Luxemburger „Milchstraße" erwartet.

18:30 Zum Abschluss gönnen Sie sich ein ausgiebiges Abendessen: **In Beringen bei Mersch** kommen im eleganten Restaurant ❼ **A Guddesch** *(Sa-Mittag und Mo geschl. | Am Kaesch 1 | Tel. 26 32 04 20 | www.gudd. lu | €€)* hauptsächlich Gerichte vom eigenen Hof auf den

Ein Abenteuerspielplatz im Dschungel? Der Schiessentümpel im Müllerthal

ERLEBNISTOUREN

Tisch, z. B. das Fleisch der Limousin-Rinder. Wer es preiswerter und bodenständiger mag, geht in den Brasseriebereich. Und wenn es Ihnen geschmeckt hat, finden Sie im **Feinkostladen** mit Vinothek noch das ein oder andere Mitnehmsel.

4 DURCH DAS WILDE MÜLLERTHAL

START: ❶ Echternach
ZIEL: ❿ Beaufort

Strecke:
➡ knapp 40 km

ca. 7 Stunden
reine Fahrzeit
1 Stunde

KOSTEN: Benzin ca. 5 Euro, *plat du jour* in der ❻ **Heringer Millen** ca. 15 Euro, Schlossführung in ❿ **Beaufort** 10 Euro
MITNEHMEN: Wanderschuhe und strapazierfähige Kleidung, Wasser, Taschen- oder Handylampe

ACHTUNG: Die Felspassagen sind nichts für ängstliche Naturen. Man kann sie aber auch gefahrlos außen umgehen. Für etwas ältere Kinder ist die Tour ein tolles Erlebnis. Bei bzw. nach starkem Regen sollten Sie diese Passagen wegen Rutschgefahr aber meiden.
Melden Sie sich vor der Tour zur Schlossführung (nur Do–So!) um 16 Uhr in ❿ **Beaufort** an: *Tel. 621279506*

Wagen Sie eine Miniexpedition in das Wanderparadies der „Kleinen Luxemburger Schweiz". Mit dem Auto geht es über schmale Sträßchen zu den schönsten Plätzen. Dort erklimmen Sie zackige Felsen, zwängen sich durch dunkle Höhlen und rasten an einem romantischen Wasserfall. Schön abenteuerlich!

10:00 Start ist in ❶ **Echternach → S. 54.** Auf der N 10 Richtung Diekirch biegen Sie nach ca. 1 km links ab nach Berdorf. Am Straßenrand stehen schon die ersten Felsenriesen Spalier. **Am Ortseingang biegen Sie beim Hotel Pérékop links ab zum Parkplatz „Amphitheater".** Dort führt ein kurzer Pfad zur großen, offenen Sandsteinhöhle ❷ **Hohllay.** Nun wird die Szenerie immer dramatischer: **Sie fahren weiter Richtung Grundhof und kommen rasch zum** ❸ **Predigtstuhl.** Dieser Fels wölbt sich kühn wie eine Kanzel über die halbe Straße. **Hinauf kommen Sie über eine Alutreppe;** oben sind Sie dann auf Augenhöhe mit den Baumwipfeln. **Wieder unten, steigen Sie ein in die** ❹ **Werschrummschlüff,** eine schmale Schlucht, durch die man sich im Gänsemarsch zwängen muss. Links und rechts scheinen die Felsen direkt in den Himmel zu wachsen. Oben öffnet sich dann eine verträumte Lichtung zwischen Wald und Felsen.

12:30 Wildromantisch geht es weiter: **Sie fahren die kurvige Straße bergab ins Tal der Schwarzen Ernz und**

ERLEBNISTOUREN

durch Müllerthal zum Parkplatz ❺ **Schiessentümpel**. Auf einem Pfad gehen Sie ca. 500 m bis zu dem kleinen Wasserfall. Weitere 500 m am Bach entlang, und Sie kommen zur ❻ **Heringer Millen → S. 60** – ein idealer Platz für die Mittagsrast. Frisch gestärkt, machen Sie sich auf den Rückweg. **Mit dem Auto geht es dann ein kurzes Stück weiter durch den Wald und an der nächsten Kreuzung links ab Richtung Consdorf bis zum Parkplatz Consdorfer Millen.** Dort beginnt der abenteuerlichste Teil der Tour: **Nach 400 m auf einem Waldweg geht es rechts einen schmalen Pfad hoch zum** ❼ **Rittergang**, wieder so ein Felsspalt, aber noch enger und tiefer als die Werschrummschlüff. **Ein Stück weiter oben im** ❽ **Deiwepetz tauchen Sie ein in einen höhlenartigen Gang:** Es wird stockduster, eine Taschenlampe tut hier gute Dienste. Kaum wieder im Freien, kommt schon die nächste Schikane: **In der** ❾ **Kuelscheier winden Sie sich wieder in einen engen Höhlengang,** der gar kein Ende zu nehmen scheint. Doch plötzlich weitet er sich wieder, der Himmel scheint auf, **der Weg führt nun sanft durchs Tal zurück zum Parkplatz.**

15:30 **Sie fahren jetzt ein Stück zurück zur Kreuzung und dort geradeaus weiter nach** ❿ **Beaufort → S. 62** mit seinem imposanten Ensemble aus mittelalterlicher Burg und Renaissanceschloss. Schließen Sie sich um 16 Uhr der täglichen Schlossführung an. Danach können Sie zum Abschluss noch auf eigene Faust durch die Burgruine nebenan stöbern.

❺ Schiessentümpel
850 m
❻ Heringer Millen
6 km
❼ Rittergang
750 m
❽ Deiwepetz
320 m
❾ Kuelscheier
14 km
❿ Beaufort

Mittelalterromantik im Zweierpack: Ans Schloss Beaufort schließt sich die Burgruine an

SPORT & WELLNESS

Aufgrund seiner abwechslungsreichen Landschaft mit vielen Hügeln und Tälern ist Luxemburg zuallererst ein klassisches Wanderland mit einer ausgezeichneten Infrastruktur – nirgendwo in Europa ist das Netz der Wanderwege dichter als hier.

Auch die Bedingungen für Radfahrer und Mountainbiker sind ausgezeichnet. Einen Überblick geben die Broschüren „Hiking" und „Biking" des Office National du Tourisme *(www.visitluxembourg.com)*.

BALLONFAHREN

Die beschaulichste Form, Luxemburg aus der Vogelperspektive zu erleben, sind Flüge mit dem Heißluftballon. Je nach Wetter ist dazu täglich (auch im Winter) Gelegenheit: *New Spirit Balloons (Tel. 40 62 71 | www.newspirit-balloons.lu)* in Altwies, *Skylines Balloons (Tel. 6 91 78 90 75)* in Junglinster und *Ballooning 50° Nord (Tel. 84 90 84 | www.ballooning-50-nord.lu)* in Fouhren.

GOLF

Das kleine Land wartet mit sechs Anlagen auf. In Canach, Gaichel und Clervaux können Sie auch in den zugehörigen repräsentativen Hotels übernachten: *Golf-Club Grand-Ducal | Senningerberg | Tel. 3 40 09 01; Golf de Clervaux | Clervaux-Eselborn | Tel. 92 93 95; Golf und Country Club | Christnach | Tel. 87 83 83; Golf du Domaine de Behlenhaff | Junglinster | Tel. 7 80 06 81; Golf-Club Gaichel | Gaichel | Tel.*

Bild: Wanderweg bei Beaufort

Im Kajak auf dem wilden Wasser, zu Pferd übers Land oder mit dem Ballon in der Luft – Luxemburg bietet Freizeitspaß für alle

39 71 08; Kikuoka Country Club | Scheierhaff | Canach | Tel. 35 61 35

(www.mammout.be) in Merkholtz bei Wiltz.

HOCHSEILGÄRTEN & OUTDOOR-SPORTCENTER

Kletterparks bzw. Hochseilgärten gibt es in allen Teilen Luxemburgs: *Tree Climber* (s. S. 74) in Vianden, *Klammschoul* (www.klammschoul.lu) in Heiderscheid und *Parc Le'h Adventures* (www.aventure.lu) in Dudelange. Dazu kommt noch das große Outdoor-Sportzentrum *Mamm'out*

INLINESKATING

Inlineskaten erfreut sich auch in Luxemburg großer Beliebtheit. Auf den Radwegen herrscht reger Skaterbetrieb, vor allem auf den beliebten Strecken nahe der Hauptstadt (Pulvermühle–Hesperange im Tal der Alzette), längs der Mosel (Schengen–Wormeldange) und rings um den Echternacher See.

RADFAHREN & MOUNTAINBIKING

Gemütlich oder sportlich, auf 23 Radwegen im ganzen Land (derzeitige Gesamtlänge ca. 600 km, 900 km sollen es einmal werden) oder wenig befahrenen Nebenstrecken: Radfahrer finden in Luxemburg ideale Bedingungen. Eine Broschüre mit Tipps (Fahrradverleih, Streckenempfehlungen) ist über das Office National du Tourisme erhältlich; der ausführliche Radwanderführer „Velo-Tour Luxemburg" ist bei Editions Binsfeld erschienen. Die Websites *www.lvi.lu* und *velopisten.lu* informieren Radfahrer und Mountainbiker über interessante Strecken und die dazugehörige Infrastruktur. Besonders empfehlenswert sind auch Thementouren wie *Velo Romanum* (s. S. 93) an der Mosel oder der *Panorama*-Radweg (s. S. 71) auf den Hochebenen der Ardennen. Außerdem gibt es in den Ardennen, im Obersauergebiet und im Müllerthal Pauschalen: Radwandern ohne Gepäck, Halbpension im Hotel, auf Anfrage Leihräder gratis *(www.ardennes-hotels.lu, www.hotels-ardennes.lu, www.Müllerthal.lu).* Dazu kommen zahlreiche zertifizierte Bed-and-Bike-Betriebe im ganzen Land, die auf die speziellen Bedürfnisse der Radler eingestellt sind – vom einfachen Campingplatz bis zum Fünfsternehotel. Informationen dazu finden Sie auf *www.bedandbike.lu.*

Für Mountainbiker ist vor allem die spektakuläre Mittelgebirgslandschaft der Ardennen *(www.ardennes-lux.lu)* eine Herausforderung – 28 MTB-Strecken gibt es hier. Damit man auf Anhieb die besten Pisten erwischt, haben die Fremdenverkehrsämter des Nordens einen Mountainbikeführer *(www.editionsguybinsfeld.lu)* mit 16 attraktiven und detailliert beschriebenen Tourenvorschlägen verschiedener Schwierigkeitsgrade zwischen 11 und 40 km ausgearbeitet (im luxemburgischen Buchhandel erhältlich). Die Strecken sind gut ausgeschildert. Die kleine Agentur *Velosophie (www.velosophie.lu)* bietet spezielle **INSIDER TIPP** Genussradeltouren durchs ganze Land an, z. B. eine Weintour an der Mosel oder eine „Fair-Trade-Tour" zu Betrieben, die sich dem Prinzip des fairen Handels verschrieben haben. Busse und Bahnen transportieren im Rahmen der vorhandenen Kapazitäten Fahrräder kostenlos.

REITEN

Zwei Dutzend Reiterhöfe und -schulen freuen sich auf Pferdefreunde. Besondere Attraktion: mehrtägige Ausritte, z. B. rund um den Obersauer-Stausee mit Übernachtung auf Pferdehöfen. Auskunft: *Naturparkzentrum Obersauer | Tel. 8 99 33 11 | www.naturparksure.lu; Fédération Luxembourgeoise des Sports Équestres | Tel. 48 49 99 | www.flse.lu; Centre Équestre International | Tel. 86 90 11 | www.hippoline.lu*

WANDERN

Über ganz Luxemburg verteilt gibt es etwa 200 ausgeschilderte Rundwanderwege (blaues Dreieck auf weißem Grund) von 4 bis 16 km Länge. Start ist meist auf einem Wanderparkplatz. Im Buchhandel gibt es eine Broschüre mit genauer Beschreibung dieser „Circuits Autopédestres". Dazu kommen 160 km Nordic-Walking-Strecken und Trekking-Trails bis zu 100 km Länge. Nützliche Websites zum Wandern ohne Gepäck: *www.hotels-ardennes.lu, www.trailhotels.lu, www.escapardenne.eu*

Zünftige Übernachtungsmöglichkeiten sowie Wanderungen von Hütte zu Hütte *(www.trekkershutten.lu)* bieten die Ardennen und die Region Müllerthal. So-

SPORT & WELLNESS

gar für sangesfreudige Wanderer ist gesorgt: Bei der Aktion INSIDER TIPP *Sing by foot (www.singbyfoot.lu)* geht es an vier bis fünf Terminen zwischen Mai und Oktober mit einem wanderlustigen Chorleiter singend auf Tour.

WASSERSPORT

Kajakfahrer und Kanuten findet man auf der Mosel, auf der Untersauer ab Ettelbruck und auf dem Obersauer-Stausee, von Oktober bis März außerdem auf den Wildwassern der Clerve (ab Clervaux), Wiltz (ab Wiltz), Our (ab Dasburg) und Sauer (ab Martelange bis Ettelbruck) – nur auf diesen Abschnitten und nur bei ausreichendem Wasserstand. Bootsverleih und Rafting: *Outdoor Centre (10, rue de la Sûre | Dillingen | Tel. 86 9139 | www.outdoorfreizeit.lu, www.kanuraft.eu)*. Windsurfen ist möglich auf dem Obersauer-Stausee, dem Remerschener und dem Weiswampacher See.

WELLNESS

Zum Relaxen gibt es schöne Wellnessangebote im ganzen Land: Die größte Anlage ist die *Domaine Thermal* im Kurort Mondorf-les-Bains, originell ist *Les Therme* in Strassen, mit sportlicher Note präsentiert sich das *Le Coque* in Luxemburg-Stadt. Fast alle Vier- und Fünfsternehotels haben gepflegte Spas und Wellnessbereiche.

WINTERSPORT

Bei genügend Schnee werden Langlaufloipen bei Weiswampach und Wiltz gespurt.

Die Untersauer ist ein beliebtes Revier der Paddler und Kanuten

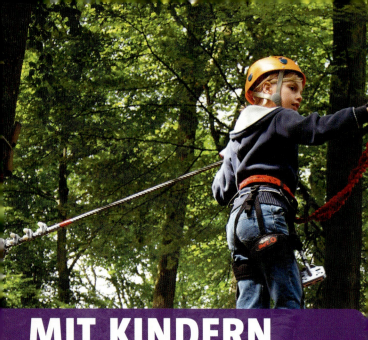

MIT KINDERN UNTERWEGS

STADT LUXEMBURG UND UMGEBUNG

INSIDER TIPP CITY PROMENADE FOR KIDS (U C3) (*m c3*)

Ein zweistündiger Stadtrundgang der etwas anderen Art: Kinder im Alter von fünf bis zwölf Jahren werden von Graf Siegfried, dem Stadtgründer, und der Flussnixe Melusine aus dem Tal der Alzette durch die Stadt gelotst. Dabei müssen sie unterwegs an verschiedenen Stationen kleine Aufgaben lösen. Am Ende erhält jeder ein Diplom als „Stadtwissenschaftler". Startpunkt ist das City Tourist Office an der place Guillaume II. *Mitte Juli–Mitte Sept. Di, Do, Sa, So 14.30 Uhr | 8 Euro | Anmeldung unter Tel. 22 28 09*

NATUR MUSÉE (U D4) (*m d4*)

Eine Erlebniswelt für alle Sinne, für Kinder wie für Erwachsene. Die Sammlung wird äußerst anschaulich und lebendig präsentiert. Es gibt mächtige Knochengerüste von Dinos zu bestaunen, jede Menge gut gemachter Tierpräparate aus heimischen und exotischen Gegenden und Kurzfilme über das Leben der Neandertaler oder das Entstehen von Erdbeben und Vulkanausbrüchen. Selbst aktiv werden kann man mit dem Mikroskop oder an der „Tast- und Riechbox". In einem kleinen Planetarium lässt sich anhand von beweglichen Modellen der Einfluss von Sonne und Mond auf die Erde studieren. *25, rue Munster | Di–So 10–18 Uhr | 4,50 Euro, unter 21 Jahren frei | www.mnhn.lu*

Minibike, Baumtelefon und Milchparcours – für ihre kleinen Gäste haben sich die Luxemburger allerhand einfallen lassen

IM TAL DER SAUER

KRAXELN UND MINIBIKEN IM WILDEN MÜLLERTHAL (129 D3) (*M F10*)

Das Müllerthal mit seinen wilden Felsgebilden ist ein natürlicher Abenteuerspielplatz für Kinder: Es macht einfach Spaß, durch enge Felsspalten zu pirschen, kleine Felsen zu erklimmen und über sprudelnde Bäche zu hüpfen. Ebenfalls unterhaltsam geht es auf dem *Kinderwanderweg (Start am Bahnhof in Bech)* zu. Da kann man auf einer Strecke von 5,5 km an zwölf Stationen Baumtelefone testen, ein Echo ausprobieren oder einen „tierischen" Weitsprungtest machen. Dazu gibts eine extra Minibikepiste (1700 m) für Kinder.

INSIDER TIPP NATURENTDECKUNGS-TOUR OBERSAUER-STAUSEE
(126 C3) (*M B8–9*)

Ein wunderbarer Ausflug für die ganze Familie: Von Insenborn im Naturpark Our aus können Sie auf einem Solarboot eine zweistündige, geführte Tour auf dem See machen. Ziel ist das Waldentdeckungszentrum Burfelt mit einem Naturlehrpfad und einer Ausstellung über das Ökosystem des Waldes. *Obligatorische Anmeldung beim Infobüro Naturpark Obersauer unter Tel. 8 99 33 15 55 | Mitte Juni–Aug.* eine **INSIDER TIPP** deutschsprachige Führung nach Möglichkeit zu Ihrer Wunschzeit. *Tgl. 9–18 Uhr | 14,50 Euro, Kinder ab 6 Jahre 8 Euro, verschiedene Familientarife | Tel. 2 50 28 02 22 | www.vitarium.lu*

Ein Landarbeitsgerät mit exakt 1 PS: Ackergaul im Museum A Robbesscheier

Di–So 10, 13.45 und 16 Uhr, Mai–Mitte Juni und Sept. 15 Uhr | 8 Euro, Kinder 4–12 Jahre 4 Euro | www.naturpark-sure.lu

VITARIUM IN ROOST-BISSEN
(128 A3) (*D10*)

Wie macht die Kuh das Gras zur Milch? Die Antwort gibts auf sehr unterhaltsame Weise bei einem geführten Rundgang *(Dauer 1–1½ Std.)* durch das Besucherzentrum des Milchproduzenten Luxlait mit vielen Videos und interaktiven Spielen. Am Ende warten dann ein paar Leckereien von der Kuh vom Joghurt bis zur Schokomilch. Eine Anmeldung per Mail oder Telefon wird empfohlen. Bei frühzeitiger Buchung bekommen Sie

IN DEN ARDENNEN

FREILICHTMUSEUM A ROBBES-SCHEIER IN MUNSHAUSEN ★
(125 D4) (*C7*)

Angefangen hat alles als kleines Museum des Ardenner Pferds. Da zeigten Bauern aus dem Dorf, wie man früher mit Ackergäulen das Feld bestellte oder das Holz aus dem Wald holte. Aus der anfänglichen Hobbyinitiative ist inzwischen ein großes Freizeitunternehmen für Kinder und Erwachsene geworden, das auf kreativ-spielerische Weise alte ländliche Traditionen mit moderner Umwelterziehung verknüpft. Man darf z. B. in ein Sägewerk reinschnuppern, Stroh dre-

MIT KINDERN UNTERWEGS

schen, Honig schleudern, Brot backen, Tiere füttern, Kutsche fahren, Esel reiten etc. Höhepunkt des Jahres ist der Tag des Ardenner Pferds am zweiten Sonntag im September, ein großes Volksfest rings um den Hof. Im Restaurant bekommen Sie deftige Ardenner Kost und im Museumsladen die ganze Palette der Regionalprodukte. *1, Frummeschgaass | tgl. 10–18 Uhr | Tagesprogramm 15 Euro, halber Tag 10 Euro | www.destination-clervaux.lu*

DER SÜDEN

HOCHSEILGARTEN PARC LE'H ADVENTURES IN DUDELANGE
(130 C6) (*D14*)

Hier gibt es Parcours für jedes Alter: Die „Bambini" (ab zwei Jahren) kraxeln in 1 m Höhe, „Kids" (ab vier) in 1,5 m Höhe – natürlich in Begleitung ihrer Eltern. Für die Größeren gehts danach kontinuierlich weiter nach oben. Sicherungsseile sorgen für Standfestigkeit. *203, rue du Parc | Juni–Sept. Di und Do 14–19, Sa, So und Ferien 10–19, April/Mai und Okt./Nov. Sa/So 14–18 Uhr | 21 Euro, Kinder 14–19 Euro | www.aventure.lu*

INDOORSPIELPARK INDYLAND IN FOETZ (130 B5) (*C13*)

Ein beliebtes Schlechtwetterziel ist dieses 1500 m² große „Spielzimmer". Beim Klettern durch riesige Parcours, beim vergnüglichen Verirren im Labyrinth, beim Toben in der Hüpfburg und vielen anderen Aktivitäten vergeht die Zeit wie im Flug. *11, rue du Brill | tgl. 11–19 Uhr | Kinder 1–3 Jahre 5 Euro, 4–14 Jahre 8,50 Euro für jeweils 2 Std., jede weitere 30 Min. 1 Euro | www.indyland-park.com*

MÄRCHENPARK IN BETTEMBOURG
(131 D5) (*D14*)

Es war einmal ein kleiner Märchenpark, darin lebten hübsch kitschige Märchenfiguren von Aschenputtel bis zum gestiefelten Kater. Die sind, leicht aufgefrischt, immer noch da, dazu gesellt haben sich inzwischen jede Menge lebendige Tiere: einheimische und exotische Vögel, Waschbären, Riesenschlangen, Affen und Krokodile. Dazu ein großer Abenteuerspielplatz mit Kletterpark, ein Ponyexpress und ein Minizug. *Route de Mondorf | April–Mitte Okt. tgl. 9.30–18 Uhr | 9 Euro, Kinder 3–14 Jahre 6 Euro | www.parc-merveilleux.lu*

AN DER MOSEL

AQUARIUM WASSERBILLIG
(129 F4) (*G11*)

Direkt an der Mosel können Sie sich mit Ihren Kindern die schwimmenden Exoten der Welt anschauen: bunte Neonfische, gefräßige Piranhas, kostbare Kois. In 15 Becken tummeln sich Lebewesen aus fünf Kontinenten, auch Fische aus der Mosel wie Hecht und Forelle. Alles wird sehr anschaulich und lebhaft erläutert von einer engagierten Crew. *Rue des Pépinières | Ostern–Sept. tgl. 10–18, Okt./Nov. und Feb.–Ostern Fr–So 10–17 Uhr | 3 Euro, Kinder bis 12 Jahre 1,50 Euro | aquarium.wasserbillig.lu*

JARDIN DES PAPILLONS GREVENMACHER ★ ● (129 E5) (*G11*)

Von außen sieht es aus wie ein großes Gewächshaus und drinnen herrschen tatsächlich tropische Temperaturen. Inmitten eines botanischen Gartens flattern über 40 Arten farbenfroher exotischer Schmetterlinge über die Besucher hinweg. Von der Eiablage über das Raupenstadium bis zur Verpuppung und zum Schlüpfen als Schmetterling können Sie hier alle Lebensstadien des Insekts eingehend studieren. *Route de Trèves | April–Okt. tgl. 9.30–17 Uhr | 7 Euro, Kinder 4 Euro | www.papillons.lu*

EVENTS, FESTE & MEHR

FESTE & VERANSTALTUNGEN

JANUAR–MAI
Beim kleinen Festival **Rencontres Musicales** (www.rmva.lu) gibt es hochrangige Aufführungen alter (Vokal-)Musik in schönen Dorfkirchen im Tal der Alzette.

OSTERN
Am Ostermontag wird in der Luxemburger Altstadt und im Töpferdorf Nospelt die INSIDER TIPP **Éimaischen** gefeiert, ein traditionelles Volksfest mit Musik und Tanz, bei dem man sich Keramikvögel schenkt, auf denen man trillern kann.

MÄRZ–MAI
Printemps Musical, Jazz und Weltmusik in Luxemburg-Stadt

MAI/JUNI
Anfang Mai beginnt in Echternach das **Internationale Musikfestival** klassischer Musik.
Ende Mai sind beim **ING Night Marathon** (www.ing-night-marathon.lu) 10 000 Läufer und 100 000 Zuschauer in der Hauptstadt auf den Beinen.
In Wiltz feiert man das **Geenzefest,** das Ginsterfest, mit Blumenkorso, Musik- und Folkloregruppen am Pfingstmontag.
Am Dienstag nach Pfingsten lockt die **Echternacher Springprozession** (s. S. 59) Tausende Pilger an.

22./23. JUNI
Am ⭐ 🔵 **Nationalfeiertag** (23. Juni) entfaltet das Großherzogtum den ganzen Charme seiner Minimonarchie. Am Vorabend gibt es einen Fackelzug durch die Innenstadt, ein Feuerwerk und Open-Air-Konzerte, am nächsten Morgen eine Militärparade und ein festliches Hochamt in der Liebfrauenkathedrale.

ENDE JUNI
Rock-a-Field (www.rockafield.lu): drei Tage Klein Woodstock auf den Feldern von Roeser in der Red-Rock-Region

JUNI–OKTOBER
Weinfeste an der Mosel, das größte Anfang September in Grevenmacher und zum Abschluss der Weinlese das Hunnefest Mitte Oktober in Schengen
Summer in the City (www.summerinthecity.lu) in Luxemburg-Stadt mit vielen kostenlosen Open-Air-Veranstaltungen

JULI
Europäisches Freilichttheater- und Musik-Festival (www.festivalwiltz.lu) in Wiltz:

Wenn die kleine Monarchie feiert, gibt es Wein, Musik und Kunst – und einmal im Jahr gesellt sich auch der Großherzog dazu

Theater, Ballett, Musical, klassische Konzerte und Jazz
In Luxemburg-Stadt am ersten Wochenende großes *Rock-Open-Air,* Mitte des Monats die *Blues 'n ' Jazz-Rallye*
Am dritten Wochenende Treff der Comiczeichner in Contern: *Festival International de la Bande Dessinée* (www.bdcontern.lu)

AUGUST
Mittelalterliche Festwoche auf der Burg Vianden mit Ritterkämpfen, Festgelagen und alter Musik

SEPTEMBER
Festival Terres Rouges im Galgenberg-Park von Esch-sur-Alzette: Rock, Pop, Hip-Hop
Am dritten Samstag im September taucht in Wiltz die INSIDERTIPP *Nuit de Lampions* alles in ein Lichtermeer, begleitet von Musik, Performances und Feuerspektakeln.

OKTOBER
Auf dem INSIDERTIPP *Nëssmoort* (Nussmarkt) in Vianden werden frische Walnüsse, aber auch Nusstee, Nussbrot, Nusspasteten und Nusswein feilgeboten.

OKTOBER/NOVEMBER
Oper, Tanz, Theater, Jazz, World Music beim *Luxembourg Festival* in Luxemburg-Stadt

NOVEMBER
Haupeschmaart in Munshausen mit bäuerlichen Naturprodukten, Kunsthandwerk und gestrickten Schafwollpullis

FEIERTAGE

1. Jan.	Neujahr
März/April	Ostermontag
1. Mai	Tag der Arbeit
Mai/Juni	Christi Himmelfahrt, Pfingstmontag
23. Juni	Nationalfeiertag
15. Aug.	Mariä Himmelfahrt
1. Nov.	Allerheiligen
25./26 Dez.	Weihnachten

LINKS, BLOGS, APPS & CO.

LINKS & BLOGS

www.goodidea.lu Das Portal bietet Infos und Nutzerkommentare zu Shoppingmöglichkeiten, Gastronomie und Nightlife im Land

www.monarchie.lu Alles über die Luxemburger Monarchie erfahren Sie auf dieser Website – allerdings nur auf Französisch

www.plurio.net Ausgezeichnete Website über die Kulturaktivitäten der gesamten Großregion. U. a. finden Sie aktuelle Konzert- und Ausstellungstermine, aber auch eine Zusammenstellung der über 20 Unesco-Weltkulturerbestätten

www.grrrrr.eu Auf der hippen Website zur Großregion gibts schwerpunktmäßig Infos zu Freizeit, Fun, Nightlife und Gratisevents

www.marcopolo.de/luxemburg Alles auf einen Blick zu Ihrem Reiseziel: interaktive Karten inklusive Planungsfunktion, Impressionen aus der Community, aktuelle News und Angebote …

www.luxemburgerworte.eu Der „Blog für Wahrheiten und Rechte" wird von einem Deutschen namens Arthur betrieben, der in Luxemburg lebt. Seinen Nachnamen verrät Arthur nicht, wohl aber, dass er bei einer Bank arbeitet – und wie ihm das kleine Großherzogtum Tag für Tag begegnet

blog.egalwaat.lu Hier finden Sie „d'Blogbuerg" mit einem Überblick über alle Blogaktivitäten in Luxemburg

www.freiluft-blog.de Der Blog von Sven Linckels beschäftigt sich mit allem, was man im Großherzogtum an der frischen Luft machen kann

www.paules.lu Der originelle Foodblog der Luxemburger Hobbyköchin Paule Schram wartet mit über 100 Rezepten von traditionellen Luxemburger Gerichten bis zu raffinierten Parfaits und Sorbets auf

Egal, ob für Ihre Reisevorbereitung oder vor Ort: Diese Adressen bereichern Ihren Urlaub. Da manche sehr lang sind, führt Sie der short.travel-Code direkt auf die beschriebenen Websites. Falls bei der Eingabe der Codes eine Fehlermeldung erscheint, könnte das an Ihren Einstellungen zum anonymen Surfen liegen

LINKS & BLOGS

www.couchsurfing.org Auch im kleinen Großherzogtum gibts über das ganze Land verteilt um die 100 kostenlose Übernachtungsgelegenheiten

short.travel/lux4 Die Onlineplattform Fuze möchte die Musikszene Luxemburgs international bekannt machen

tourisme.geoportail.lu Hier können Sie Geodaten zu Wanderwegen, Radwegen, MTB-Pisten und Motorradrouten runterladen und auf einem mobilen GPS-Gerät einsetzen

VIDEOS

www.vimeo.com/jeffdesom Hier demonstriert der junge Luxemburger Videoartist Jeff Desom sein Talent, z. B. in einer eigenen Kurzfassung von Hitchcocks Thriller „Fenster zum Hof"

short.travel/lux1 Es war die Hochzeit des Jahres 2012 in Luxemburg: Thronfolger Guillaume und Gräfin Stéphanie gaben sich das Jawort, nachzuerleben in diesem kurzen, aber atmosphärischen Video

short.travel/lux2 In dem faszinierenden Video präsentieren zwei junge Freerunner die Hauptstadt aus ihrer ganz eigenen Perspektive

short.travel/lux3 Der kurze Film der Deutschen Welle erzählt vom multikulturellen Luxemburg und lässt u. a. Jo Kox, den Direktor des Kunstmuseums Casino, zu Wort kommen

APPS

WR Luxembourg Radios Mit dieser App streamen Sie sich durch Luxemburger Radiostationen. Wer mal gepflegtes Lëtzebuergesch hören will, sollte „Radio 100,7" einschalten

City App – Application mobile Hier finden Sie – allerdings nur auf Französisch – alles Wichtige über die Stadt Luxemburg – von Sightseeing über Nightlife bis Parken

mobiliteit.lu Wenn Sie im Großherzogtum mit öffentlichen Verkehrsmitteln unterwegs sind, ist die I-Pad-App mit Funktionen wie Fahrplanauskunft oder Haltestellensuche ein praktischer Helfer – auch auf Deutsch

PRAKTISCHE HINWEISE

ANREISE

Aus dem Norden, Osten und Westen Deutschlands fährt man am besten über Aachen und St-Vith (Belgien) durch die Ardennen nach Clervaux oder durch die Eifel über Bitburg und Echternach oder durchgehend Autobahn über Köln, Koblenz, Trier bis Luxemburg-Stadt. Für die Anreise aus Süddeutschland empfiehlt sich die A 6/A 8 über Mannheim–Kaiserslautern–Perl nach Luxemburg-Stadt.

Alle Bahnverbindungen laufen über Trier, wo man meist umsteigen muss. Die Fahrzeit von München beträgt ca. sieben, von Frankfurt rund vier und von Köln etwa dreieinhalb Stunden (günstig mit „Europa-Spezial" der Deutschen Bahn).

Von vielen großen deutschen Städten gibt es tägliche, recht preiswerte Fernbusverbindungen nach Luxemburg-Stadt (Hauptbahnhof oder Kirchberg). Vergleichsportal: www.busliniensuche.de

Regelmäßige Linienflüge zum Flughafen Luxemburg-Findel im Nordosten von Luxemburg-Stadt gibt es u. a. von Berlin, Hamburg, München, Genf und Wien. Vom Flughafen verkehren ein Luxair-Autobusdienst sowie ein Linienbus in die City und zum Bahnhof. Auskunft: *Tel. 2 45 61 | www.luxair.lu, www.lux-airport.lu*

AUSKUNFT

OFFICE NATIONAL DU TOURISME (ONT)
68–70, boulevard de la Pétrusse | 2320 Luxembourg | Tel. 42 82 82 10 | www.visitluxembourg.com

INFOS IM INTERNET
Die für Touristen wichtigste Website ist die des Office National du Tourisme, wo fast alle relevanten Infos von Hotels über Events bis zu Rad- und Wanderwegen gebündelt sind, inklusive vielen Links zu den Regionen. Die Website der Touristeninformation der Hauptstadt ist *www.lcto.lu*. Alle wichtigen Veranstaltungen im ganzen Land finden Sie auf *www.luxweb.lu* und *www.mywort.lu*, alle Kulturevents auf *www.cultureweb.lu*, Infos aus der Schwulenszene auf *www.gaymat.lu*.

GRÜN & FAIR REISEN

Auf Reisen können auch Sie mit einfachen Mitteln viel bewirken. Behalten Sie nicht nur die CO_2-Bilanz für Hin- und Rückflug im Hinterkopf *(www.atmosfair.de)*, sondern achten und schützen Sie auch nachhaltig Natur und Kultur im Reiseland *(www.gate-tourismus.de; www.zukunft-reisen.de; www.ecotrans.de)*. Gerade als Tourist ist es wichtig, auf Aspekte zu achten wie Naturschutz *(www.nabu.de; www.wwf.de)*, regionale Produkte, Fahrradfahren (statt Autofahren), Wassersparen und vieles mehr. Wenn Sie mehr über ökologischen Tourismus erfahren wollen: europaweit *www.oete.de;* weltweit *www.germanwatch.org*

AUTO

Höchstgeschwindigkeit innerorts 50, außerorts 90, auf Autobahnen 130 (bei Regen 110) km/h, Promillegrenze 0,5. Das

Von Anreise bis Zoll

Urlaub von Anfang bis Ende: die wichtigsten Adressen und Informationen für Ihre Luxemburgreise

Anlegen des Sicherheitsgurts ist auf allen Plätzen vorgeschrieben. Die Autobahnen sind gebührenfrei. Pannenhilfe: *Automobile Club Luxembourg | Tel. 2 60 00 | www.acl.lu*

CAMPING

Weit über 100 Campingplätze gibt es im Land, die schönsten in den Ardennen und an der Sauer. Sie sind klassifiziert in fünf Qualitätsstufen, von „Standard" (ein Stern) bis „höchster Komfort, exzellente Einrichtung" (fünf Sterne). Eine Broschüre mit Preisangaben gibt es beim ONT. Sehr beliebt ist inzwischen auch das Glamping, Luxuscamping in komfortabel ausgestatteten Zelten, Hütten oder Holzhäuschen (z. B. *www.kengert.lu, www.camping-martbusch.lu, www.camping-bleesbruck.lu, www.campingkautenbach.lu*). Infos: *www.camping.lu*

DIPLOMATISCHE VERTRETUNGEN

DEUTSCHE BOTSCHAFT
20–22, avenue Émile Reuter | Luxemburg-Stadt | Tel. 4 53 44 51

ÖSTERREICHISCHE BOTSCHAFT
3, rue des Bains | Luxemburg-Stadt | Tel. 47 11 88 1

SCHWEIZER BOTSCHAFT
35, boulevard Royal | Luxemburg-Stadt | Tel. 2 27 47 41

FERIENWOHNUNGEN

Die Auswahl an Ferienwohnungen, privaten Gästezimmern und Angeboten für Ferien auf dem Bauernhof wird immer umfangreicher, vor allem in den Ardennen und an der Sauer und Mosel. Eine ONT-Broschüre informiert mit Bildern und kurzen Beschreibungen über das gesamte Angebot im Land.

WAS KOSTET WIE VIEL?

Kaffee	1,50–2,50 Euro	*für eine Tasse Espresso*
Imbiss	3 Euro	*für eine Rostbratwurst*
Wein	5–10 Euro	*für einen viertel Liter*
Kino	5–10 Euro	*für eine Karte*
Benzin	1,10–1,30 Euro	*für 1 l Super*
Taxi	2,90 Euro	*pro gefahrenen Kilometer*

GELD & KREDITKARTEN

Es gibt jede Menge Geldautomaten. Kreditkarten sind so verbreitet, dass Sie zur Not auch ganz ohne Bargeld auskommen.

INTERNETZUGANG & WLAN

Fast alle Hotels im Land haben auf dem Zimmer oder im Foyer (meist kostenlosen) Internetzugang. In Luxemburg-Stadt kommen Sie außerdem in der *Bibliothèque Municipale* an der place d'Armes kostenlos ins Netz. Die Stadt bietet auf allen größeren Plätzen auch Internetzugang über WLAN an (Info: *www.hotcity.lu*).

JUGENDHERBERGEN

Es gibt zehn Jugendherbergen, die gut über das ganze Land verteilt sind. Die schönsten und modernsten in Luxemburg-Stadt, Remerschen, Beaufort, Echternach, Esch-sur-Alzette und Lultzhausen; alle haben durchaus Hotelstandard. Erforderlich ist ein Jugendherbergsausweis oder der Erwerb von *Welcome-Stamps (3 Euro pro Tag)*. Die Übernachtung kostet inklusive Frühstück rund 15 bis 20 Euro. www.youthhostels.lu

LUXEMBOURG-CARD

Mit der Luxembourg-Card können Sie kostenlos alle öffentlichen Verkehrsmittel im Land benutzen. Zusätzlich erhalten Sie freien Eintritt zu fast allen touristischen Attraktionen. 30 Prozent Ermäßigung gibt es auf Ausflugsfahrten wie dem Pétrusse-Express oder auf einigen Moselschiffen. Die Karte kostet für einen Tag 13 Euro (Familien 28 Euro), für zwei Tage 20 (48) Euro und für drei Tage 28 (68) Euro.

KLIMA

Luxemburg hat ein gemäßigtes Klima. Wesentlich tragen die Ardennen zum Wetter bei: Atlantische Strömungen verlieren über dem Hochplateau viel Feuchtigkeit, Niederschläge sind relativ gering und gleichmäßig übers Jahr verteilt. Dennoch ist das Klima im Norden rauer und feuchter.

NOTRUF

Polizei: *Tel. 113;* Unfallrettung: *Tel. 112;* Automobilclub: *Tel. 2 60 00*

ÖFFENTLICHE VERKEHRSMITTEL

Fast alle Orte in Luxemburg erreichen Sie mit Bahn oder Bus. Fahrkarten gelten für

WETTER IN LUXEMBURG-STADT

	Jan.	Feb.	März	April	Mai	Juni	Juli	Aug.	Sept.	Okt.	Nov.	Dez.
Tagestemperaturen in °C	2	4	10	14	18	21	23	22	19	13	7	3
Nachttemperaturen in °C	-3	-2	1	4	7	10	12	12	9	5	2	-1
Sonnenschein Stunden/Tag	1	2	4	6	7	6	6	6	5	3	3	3
Niederschlag Tage/Monat	13	11	10	10	10	10	10	12	10	9	12	12

PRAKTISCHE HINWEISE

das gesamte öffentliche Transportnetz. Eine Tagesnetzkarte, gültig vom Zeitpunkt der Entwertung bis zum nächsten Tag, 8 Uhr, kostet 4 Euro, ein Heft mit fünf Karten 16 Euro. Kurzstreckenfahrscheine (gültig zwei Stunden) kosten 2 Euro, zehn Tickets 16 Euro. Mit der Luxembourg-Card ist der öffentliche Transport gratis. Pro Person wird ein Fahrrad in der Bahn kostenlos befördert. Größere Gruppen sollten ihre Fahrt vorher anmelden. Am Hauptbahnhof in Luxemburg-Stadt befindet sich ein Infobüro *(tgl. 6–22 Uhr | Tel. (*) 24 65 24 65)*. *www.cfl.lu*, *www.mobiliteit.lu*, *www.transports.lu* Ein **INSIDER TIPP** tolles Angebot für Wanderer und Radler macht die Luxemburger Bahn: An 71 Stationen im ganzen Land kann man auf schönen Strecken von Bahnhof zu Bahnhof wandern bzw. radeln und mit dem Zug weiter- oder zurückfahren. Ein Rad ist im Ticket inbegriffen. Ein Wanderführer mit ausführlicher Beschreibung aller Touren kann für 29 Euro bestellt werden: *www.cfl.lu*, Reiter „Fahrgäste", Rubrik „Freizeit & Tourismus"

POST

Das Porto für einen Brief bis 50 g oder eine Postkarte in der EU kostet 0,95 Euro. *www.ept.lu*

PREISE

Generell sind die Lebenshaltungskosten um zehn bis 20 Prozent höher als in Deutschland, wobei die Preise in der Hauptstadt noch einmal über denen der ländlichen Gebiete liegen. Billiger als in Deutschland sind Benzin und Zigaretten. Günstig (weil stark subventioniert) sind kulturelle Angebote: In der Philharmonie in Luxemburg-Stadt können Sie schon ab 15 Euro Orchester und Solisten der Weltklasse hören, wer unter 27 Jahre ist, erhält weitere 40 Prozent Ermäßigung! In den großen Museen der Hauptstadt bezahlen Sie zwischen 4 und 6 Euro, kleinere Museen wie das Banken- oder das Straßenbahn- und Busmuseum haben freien Eintritt, die Museen auf dem Land verlangen meist nur um die 3 Euro.

TELEFON & HANDY

Innerhalb des Landes existieren keine Vorwahlen. Vorwahl nach Luxemburg: *00352*, nach Deutschland *0049*, nach Österreich *0043*, in die Schweiz *0041*. Mit einer Luxemburger Prepaidkarte entfallen die Gebühren für eingehende Anrufe. Auf *www.prepaidgsm.com* oder *www.justlanded.com* können Sie einen Anbieter für Luxemburg auswählen.

VERSTÄNDIGUNG

Da die gebürtigen Luxemburger in der Regel alle Deutsch sprechen und verstehen, kann man sich überall gut verständigen. Schwierigkeiten kann es gelegentlich im Süden des Landes (oder in Hotels und Restaurants) geben, wo viele Ausländer vor allem aus Belgien und Frankreich arbeiten, von denen einige nur Französisch sprechen. Auch Führungen in Museen, Burgen etc. sind in der Regel meist auf Französisch oder Lëtzebuergesch, werden auf Wunsch aber meist auch auf Deutsch angeboten. In der polyglotten Hauptstadt kommt man außerdem fast überall mit Englisch durch.

ZOLL

Waren für den persönlichen Bedarf dürfen innerhalb der EU frei ein- und ausgeführt werden. Richtwerte hierfür sind u. a. 800 Zigaretten und 10 l Spirituosen. Für Schweizer gelten erheblich geringere Freimengen.

REISEATLAS

▬ Verlauf der Erlebnistour „Perfekt im Überblick"
▬ Verlauf der Erlebnistouren

Der Gesamtverlauf aller Touren ist auch in der herausnehmbaren Faltkarte eingetragen

Bild: Wormeldange an der Mosel

Unterwegs in Luxemburg

Die Seiteneinteilung für den Reiseatlas finden Sie auf dem hinteren Umschlag dieses Reiseführers

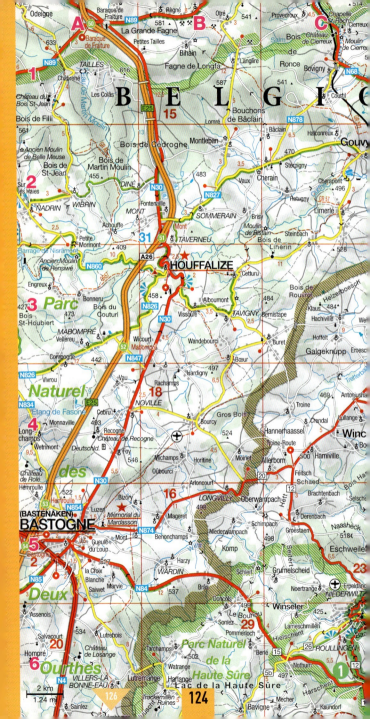

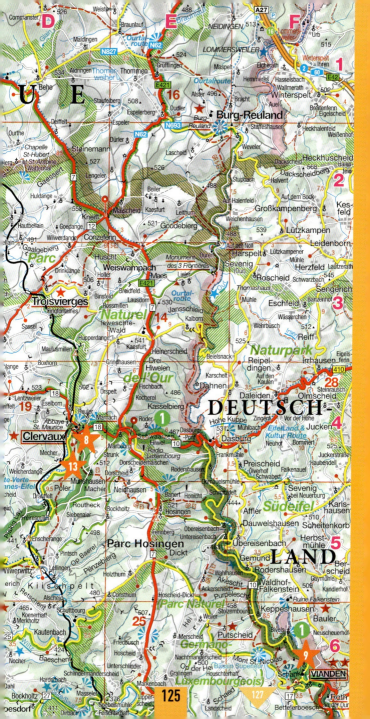

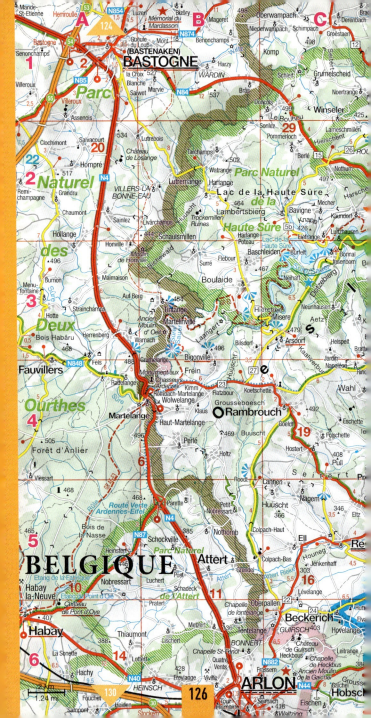

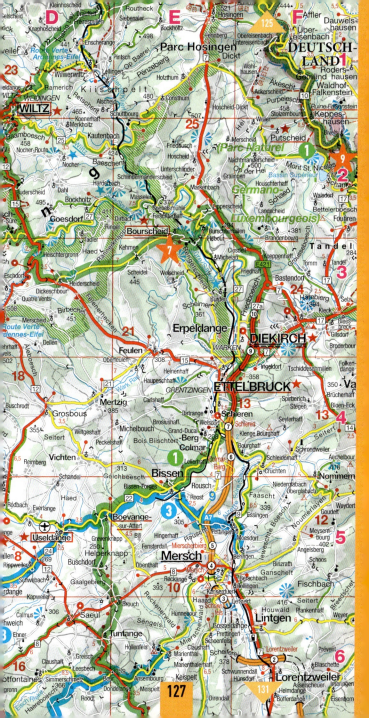

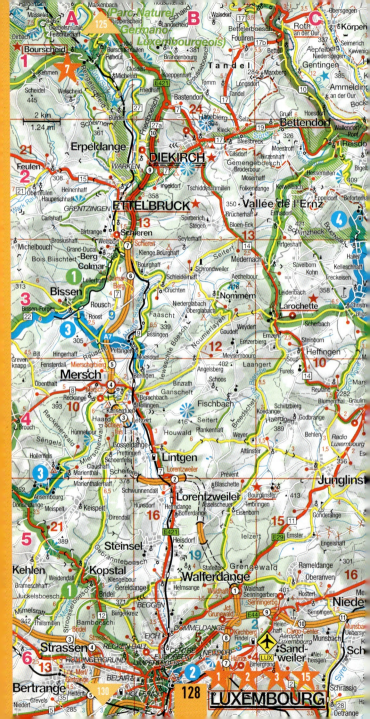

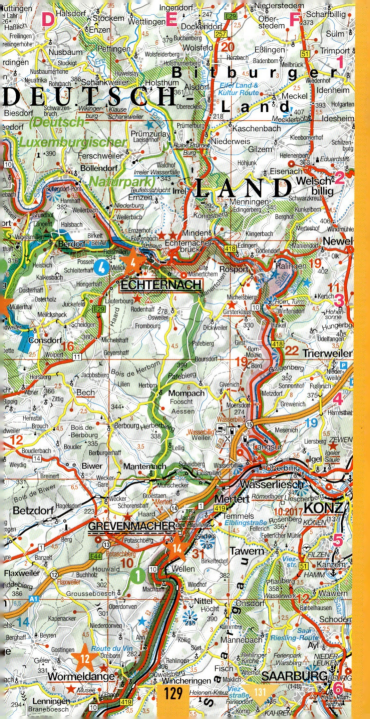

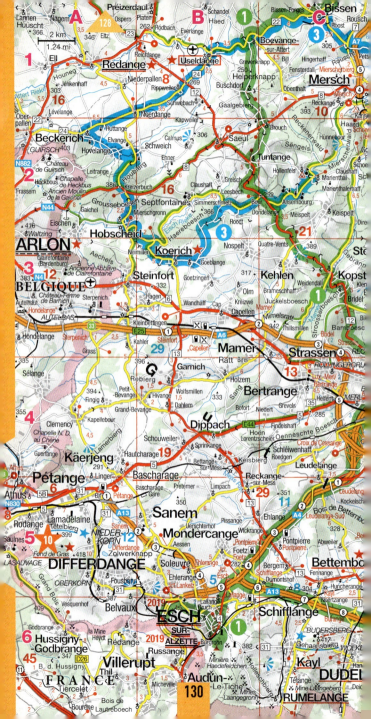

KARTENLEGENDE

Autobahn · Gebührenpflichtige Anschlussstelle · Gebührenstelle · Anschlussstelle mit Nummer · Rasthaus mit Übernachtung · Raststätte · Kleinraststätte · Tankstelle · Parkplatz mit und ohne WC	Motorway · Toll junction · Toll station · Junction with number · Motel · Restaurant · Snackbar · Filling-station · Parking place with and without WC
Autobahn in Bau und geplant mit Datum der voraussichtlichen Verkehrsübergabe	Motorway under construction and projected with expected date of opening
Zweibahnige Straße (4-spurig)	Dual carriageway (4 lanes)
Fernverkehrsstraße · Straßennummern	Trunk road · Road numbers
Wichtige Hauptstraße	Important main road
Hauptstraße · Tunnel · Brücke	Main road · Tunnel · Bridge
Nebenstraßen	Minor roads
Fahrweg · Fußweg	Track · Footpath
Wanderweg (Auswahl)	Tourist footpath (selection)
Eisenbahn mit Fernverkehr	Main line railway
Zahnradbahn, Standseilbahn	Rack-railway, funicular
Kabinenschwebebahn · Sessellift	Aerial cableway · Chair-lift
Autofähre · Personenfähre	Car ferry · Passenger ferry
Schifffahrtslinie	Shipping route
Naturschutzgebiet · Sperrgebiet	Nature reserve · Prohibited area
Nationalpark · Naturpark · Wald	National park · natural park · Forest
Straße für Kfz. gesperrt	Road closed to motor vehicles
Straße mit Gebühr	Toll road
Straße mit Wintersperre	Road closed in winter
Straße für Wohnanhänger gesperrt bzw. nicht empfehlenswert	Road closed or not recommended for caravans
Touristenstraße · Pass	Tourist route · Pass
Schöner Ausblick · Rundblick · Landschaftlich bes. schöne Strecke	Scenic view · Panoramic view · Route with beautiful scenery
Heilbad · Schwimmbad	Spa · Swimming pool
Jugendherberge · Campingplatz	Youth hostel · Camping site
Golfplatz · Sprungschanze	Golf-course · Ski jump
Kirche im Ort, freistehend · Kapelle	Church · Chapel
Kloster · Klosterruine	Monastery · Monastery ruin
Synagoge · Moschee	Synagogue · Mosque
Schloss, Burg · Schloss-, Burgruine	Palace, castle · Ruin
Turm · Funk-, Fernsehturm	Tower · Radio-, TV-tower
Leuchtturm · Kraftwerk	Lighthouse · Power station
Wasserfall · Schleuse	Waterfall · Lock
Bauwerk · Marktplatz, Areal	Important building · Market place, area
Ausgrabungs- u. Ruinenstätte · Bergwerk	Arch. excavation, ruins · Mine
Dolmen · Menhir · Nuraghen	Dolmen · Menhir · Nuraghe
Hünen-, Hügelgrab · Soldatenfriedhof	Cairn · Military cemetery
Hotel, Gasthaus, Berghütte · Höhle	Hotel, inn, refuge · Cave

Kultur / **Culture**

Malerisches Ortsbild · Ortshöhe	Picturesque town · Elevation
Eine Reise wert	Worth a journey
Lohnt einen Umweg	Worth a detour
Sehenswert	Worth seeing

Landschaft / **Landscape**

Eine Reise wert	Worth a journey
Lohnt einen Umweg	Worth a detour
Sehenswert	Worth seeing

MARCO POLO Erlebnistour 1 — MARCO POLO Discovery Tour 1
MARCO POLO Erlebnistouren — MARCO POLO Discovery Tours
MARCO POLO Highlight — MARCO POLO Highlight

FÜR IHRE NÄCHSTE REISE ...

ALLE **MARCO POLO** REISEFÜHRER

DEUTSCHLAND
Allgäu
Bayerischer Wald
Berlin
Bodensee
Chiemgau/
Berchtesgadener
Land
Dresden/
Sächsische Schweiz
Düsseldorf
Eifel
Erzgebirge/
Vogtland
Föhr & Amrum
Franken
Frankfurt
Hamburg
Harz
Heidelberg
Köln
Lausitz/Spreewald/
Zittauer Gebirge
Leipzig
Lüneburger Heide/
Wendland
Mecklenburgische
Seenplatte
Mosel
München
Nordseeküste
Schleswig-Holstein
Oberbayern
Ostfriesische Inseln
Ostfriesland/Nord-
seeküste Nieder-
sachsen/Helgoland
Ostseeküste
Mecklenburg-
Vorpommern
Ostseeküste
Schleswig-Holstein
Pfalz
Potsdam
Rheingau/
Wiesbaden
Rügen/Hiddensee/
Stralsund
Ruhrgebiet
Schwarzwald
Stuttgart
Sylt
Thüringen
Usedom
Weimar

ÖSTERREICH
SCHWEIZ
Kärnten
Österreich
Salzburger Land
Schweiz
Steiermark
Tessin
Tirol
Wien
Zürich

FRANKREICH
Bretagne
Burgund
Côte d'Azur/
Monaco
Elsass
Frankreich
Französische
Atlantikküste
Korsika
Languedoc-
Roussillon
Loire-Tal
Nizza/Antibes/
Cannes/Monaco
Normandie
Paris
Provence

ITALIEN
MALTA
Apulien
Dolomiten
Elba/Toskanischer
Archipel
Emilia-Romagna
Florenz
Gardasee
Golf von Neapel
Ischia
Italien
Italienische Adria
Italien Nord
Italien Süd
Kalabrien
Ligurien/
Cinque Terre
Mailand/
Lombardei
Malta & Gozo
Oberital. Seen
Piemont/Turin
Rom
Sardinien
Sizilien/
Liparische Inseln
Südtirol
Toskana
Venedig
Venetien & Friaul

SPANIEN
PORTUGAL
Algarve
Andalusien
Barcelona
Baskenland/
Bilbao
Costa Blanca
Costa Brava
Costa del Sol/
Granada
Fuerteventura
Gran Canaria
Ibiza/Formentera
Jakobsweg
Spanien
La Gomera/
El Hierro
Lanzarote
La Palma
Lissabon
Madeira
Madrid
Mallorca
Menorca
Portugal
Spanien
Teneriffa

NORDEUROPA
Bornholm
Dänemark
Finnland
Island
Kopenhagen
Norwegen
Oslo
Schweden
Stockholm
Südschweden

WESTEUROPA
BENELUX
Amsterdam
Brüssel
Dublin
Edinburgh
England
Flandern
Irland
Kanalinseln
London
Luxemburg
Niederlande
Niederländische
Küste
Schottland
Südengland

OSTEUROPA
Baltikum
Budapest
Danzig
Krakau
Masurische Seen
Moskau
Plattensee
Polen
Polnische
Ostseeküste/
Danzig
Prag
Slowakei
St. Petersburg
Tallinn
Tschechien
Ungarn
Warschau

SÜDOSTEUROPA
Bulgarien
Bulgarische
Schwarzmeerküste
Kroatische Küste
Dalmatien
Kroatische Küste
Istrien/Kvarner
Montenegro
Rumänien
Slowenien

GRIECHENLAND
TÜRKEI
ZYPERN
Athen
Chalkidiki/
Thessaloniki
Griechenland
Festland
Griechische Inseln/
Ägäis
Istanbul
Korfu
Kos
Kreta
Peloponnes
Rhodos
Samos
Santorin
Türkei
Türkische Südküste
Türkische Westküste
Zákinthos/Itháki/
Kefalloniá/Léfkas
Zypern

NORDAMERIKA
Chicago und
die Großen Seen
Florida
Hawai'i
Kalifornien
Kanada
Kanada Ost
Kanada West
Las Vegas
Los Angeles
New York
San Francisco
USA
USA Ost
USA Südstaaten/
New Orleans
USA Südwest
USA West
Washington D.C.

MITTEL- UND
SÜDAMERIKA
Argentinien
Brasilien
Chile
Costa Rica
Dominikanische
Republik
Jamaika
Karibik/
Große Antillen
Karibik/
Kleine Antillen
Kuba
Mexiko
Peru & Bolivien
Yucatán

AFRIKA UND
VORDERER
ORIENT
Ägypten
Djerba/
Südtunesien
Dubai
Israel
Jordanien
Kapstadt/
Wine Lands/
Garden Route
Kapverdische
Inseln
Kenia
Marokko
Namibia
Rotes Meer & Sinai
Südafrika
Tansania/Sansibar
Tunesien
Vereinigte
Arabische Emirate

ASIEN
Bali/Lombok/Gilis
Bangkok
China
Hongkong/Macau
Indien
Indien/Der Süden
Japan
Kambodscha
Ko Samui/
Ko Phangan
Krabi/
Ko Phi Phi/
Ko Lanta
Malaysia
Nepal
Peking
Philippinen
Phuket
Shanghai
Singapur
Sri Lanka
Thailand
Tokio
Vietnam

INDISCHER OZEAN
UND PAZIFIK
Australien
Malediven
Mauritius
Neuseeland
Seychellen

Viele MARCO POLO Reiseführer gibt es auch als eBook – und es kommen ständig neue dazu!
Checken Sie das aktuelle Angebot einfach auf: www.marcopolo.de/e-books

REGISTER

Im Register sind alle in diesem Reiseführer erwähnten Orte und Ausflugsziele verzeichnet. Gefettete Seitenzahlen verweisen auf den Haupteintrag.

Ahn 31, 93
Altwies 106
Ansembourg 101
Asselborn **70**, 71
Attert-Radweg 53
Bambësch 52
Bascharage 29, **84**
Baschleiden 63
Beaufort 31, **62**, 105, 120
Bech 111
Bech-Kleinmacher 90
Beckerich 101
Belvaux-Metzerlach 18
Berdorf 61, 62, 97, 104
Beringen 102
Bettembourg 113
Betzdorf 24
Bike-Park Terres Rouges 84
Bilsdorf 63
Binsfeld 70
Bissen 102, 112
Bourglinster 59
Bourscheid **64**, 98
Bourscheid-Plage **64**, 98
Bridel 53
Burfelt 63, 112
Canach 107
Christnach 62, 106
Clervaux 66, **67**, 97, 106, 109, 118
Cockerill 81
Consdorf 105
Contern 115
Cornelysmillen 75
Dasburg 109
Deiwepetz 105
Diekirch 21, 29, 60, **65**
Differdange 78, 85
Dillingen 109
Dudelange 18, 78, **83**, 84, 107, 113
Echternach 21, 24, **54**, 96, 104, 107, 114, 118, 120, 136
Ehnen **91**, 93
Eischtal **53**, 101
Ellergronn 81
Enscherange 77
Erpeldange 65
Escapardenne 77
Esch-sur-Alzette 15, 18, 24, 78, **80**, 84, 98, 115, 120

Esch-sur-Sûre **63**, 64, 97
Findel 118
Foetz 113
Fond-de-Gras 83
Fouhren 106
Frisange 83
Gaichel **53**, 106
Giele Botter 84
Greiveldange 91
Grenglay 64
Grevenmacher 31, **91**, 93, 96, 113, 114
Grundhof 62
Hachiville 70
Haff Réimech **89**, 90
Heiderscheid 29, 30, 44, 64, 107
Heinerscheid 29, **76**
Heringer Millen **60**, 105
Hesperange 107
Hohllay 104
Hollenfels 101
Holler 71
Hoscheid 71
Hosingen 75
Huldange 70
Ingeldorf 65
Insenborn 63, 64, 111
Junglinster 106
Kaundorf 63
Kautenbach 77
Kayl 83
Kiischpelt 77
Kleine Luxemburger Schweiz **60**, **104**
Koerich 101
Kuelscheier 105
Larochette **59**, 97
Lasauvage 84, 85
Lauterborn 59
Lenningen 91
Liefrange 63
Lieler 75
Lipperscheid 65
Lultzhausen 63, 97, 120
Luxemburg-Stadt 13, 14, 15, 16, 18, 19, 20, 23, 24, 25, 26, 27, 29, 30, 31, **32**, 98, 99, 107, 109, 110, 114, 115, 117, 118, 119, 120, 121, 136

Martelange 109
Mëllerdall 55, **60**
Merkholtz 107
Mondorf-les-Bains 86, **87**, 92, 93, 98, 109
Müllerthal 55, **60**, 97, **104**, 108, 111
Munshausen 30, 97, **112**, 115
Naturpark Obersauer 25, 28, 30, **62**
Naturpark Our 24, 28, 30, 71, 74, **75**, 111
Niederwiltz 76
Nospelt 114
Obermartelange 63
Obersauer-Stausee 44, **63**, 97, 108, 109, 111
Obersauer-Talsperre 63
Oberwiltz 76
Ourdall-Promenade 75
Ourtal 60, **74**
Pétange 78, 84
Pintsch 77
Predigtstuhl 104
Pulvermühle 107
Pumpspeicherwerk Vianden 71, **74**
Remerschen 31, **89**, 109, 120
Remich 31, 86, **90**, 93, 95, 136
Rindschleiden 63
Rittergang 105
Roder 69
Roeser 114
Roost-Bissen 102, 112
Rosport 61
Roth 75
Rumelange 85
Schengen 16, 86, **88**, 93, 95, 107, 114
Schiessentümpel 105
Schifflange 84
Schouweiler 84
Schwebsange 90
Senningerberg 106
Sentier des Sept Châteaux 53
Stadtbredimus **91**, 92
Stolzembourg 71, **75**

134

Strassen 50, 109	Vallée de l'Eisch **53**, 101	Weiswampach **71**, 109
Stromberg 90	Vianden 23, 28, 31, 66,	Wellenstein 90
Tal der Our 60, **74**	**71**, 97, 107, 115, 136	Werschrummschlüff 104
Tal der Sieben Schlösser	Wahl 63	Wiltz 21, 24, 29, 66, **76**,
53, **101**	Waldhaff 52	97, 109, 114, 115
Troisvierges 71	Wallendorf **60**, 97	Wilwerwiltz 77
Urspelt 71	Wasserbillig **92**, 93,	Wormeldange 31, 90, **93**,
Useldange 102	113, 136	96, 107, 122

SCHREIBEN SIE UNS!

Egal, was Ihnen Tolles im Urlaub begegnet oder Ihnen auf der Seele brennt, lassen Sie es uns wissen! Ob Lob, Kritik oder Ihr ganz persönlicher Tipp – die MARCO POLO Redaktion freut sich auf Ihre Infos.

Wir setzen alles dran, Ihnen möglichst aktuelle Informationen mit auf die Reise zu geben. Dennoch schleichen sich manchmal Fehler ein – trotz gründlicher Recherche unserer Autoren/innen. Sie haben sicherlich Verständnis, dass der Verlag dafür keine Haftung übernehmen kann.

MARCO POLO Redaktion
MAIRDUMONT
Postfach 31 51
73751 Ostfildern
info@marcopolo.de

IMPRESSUM
Titelbild: Figur auf dem Dach der Abgeordnetenkammer in Luxemburg-Stadt (Laif: Zanetti)
Fotos: DuMont Bildarchiv: Spitta (85); W. Felk (1 u.); © fotolia.com/pholidito (18 M.); Getty Images: F.-M. Frei (102), H.-P. Merten (3); Getty Images/Cultura: M. Keijser (106/107); Getty Images/Kontributor: F. Sellies (58); Anne-Marie Herckes (18 u.); huber-images: H.-G. Eiben (7, 65, 94/95, 122/123), H.-P. Merten (56); Konscht am Gronn: Martine Gillen (18 o.); La Terra Magica: Lenz (Klappe r., 116 o.); Laif: M. Danner (83), Modrow (117), D. Schwelle (8, 10), H. Specht (61), Zanetti (1 o.); Laif/REA: F. Marvaux (47); Laif/Reporters: P. Bourguet (80); Laif/Zenit: Boening (2, 86/87, 88), J.-P. Boening (50); Lookphotos: H.G. Eiben (12/13), F.-M. Frei (109), T. u. H. Herzig (29, 105); mauritius images: H. Higuchi (4 o., 32/33), M. Mehlig (91), C. Seba (54/55); mauritius images/age (114); mauritius images/Alamy: D. Renckhoff (36, 70, 92), D. Robertson (112), L. Smak (5, 110/111), B. Vincent (25); mauritius images/Anna Stowe Travel/Alamy (72); mauritius images/ANP Photo: P. Clement (17); mauritius images/Arterra Picture Library/Alamy (20/21), 100); mauritius images/Buiten-Beeld: M. van Veen (75); mauritius images/foodcollection (28 r.); mauritius images/Hero Images (19 u.); mauritius images/imagebroker: B. Boensch (62), H-D. Falkenstein (22), R. Nüsser (26/27); mauritius images/Profimedia.CZ a.s./Alamy (28 l.); mauritius images/Westend61 (31), W. Dieterich (39, 42), M. Stuart (40); mauritius images/Zoonar/Alamy (68); H. P. Merten (45, 116 u.); POle Impro Luxemburg (19 o.); D. Renckhoff (Klappe l., 6, 9, 11, 30, 34, 76, 115); T. Stankiewicz (4 u., 14/15, 53, 66/67, 78/79); Visum: E.Z. Genthe (49)

13. Auflage 2017
Komplett überarbeitet und neu gestaltet
© MAIRDUMONT GmbH & Co. KG, Ostfildern
Chefredaktion: Marion Zorn; Autor: Wolfgang Felk; Redaktion: Nikolai Michaelis
Verlagsredaktion: Stephan Dürr, Lucas Forst-Gill, Susanne Heimburger, Nikolai Michaelis, Martin Silbermann, Kristin Wittemann; Bildredaktion: Gabriele Forst, Stefanie Wiese; Im Trend: wunder media, München
Kartografie Reiseatlas und Faltkarte: © MAIRDUMONT, Ostfildern
Gestaltung Cover, S. 1, S. 2/3, Faltkartencover: Karl Anders – Büro für Visual Stories, Hamburg; Gestaltung innen: milchhof:atelier, Berlin; Gestaltung Erlebnistouren: Susan Chaaban Dipl.-Des. (FH)
Das Werk einschließlich aller seiner Teile ist urheberrechtlich geschützt.
Jede urheberrechtsrelevante Verwertung ist ohne Zustimmung des Verlags unzulässig und strafbar. Das gilt insbesondere für Vervielfältigungen, Übersetzungen, Nachahmungen, Mikroverfilmungen und die Einspeicherung und Verarbeitung in elektronischen Systemen.
Printed in China

BLOSS NICHT ☝

Ein paar Dinge, die Sie in Luxemburg beachten sollten

MITTAGSPAUSE IGNORIEREN

Zwischen 12 und 14 Uhr mutieren die Luxemburger gänzlich zu Franzosen: Da ist in Behörden und Büros Mittagspause und kein Mensch zu erreichen; wenn man Glück hat, ist wenigstens die Telefonzentrale besetzt. Dafür herrscht in den umliegenden Bistros, Kneipen und Restaurants Hochbetrieb. Besser also einen Tisch reservieren – oder nach 13.30 Uhr zum Mittagessen gehen.

PARKEN IN DER INNENSTADT

Die Parkhäuser in der Hauptstadt sind wochentags so gut wie immer besetzt. Am besten stellen Sie Ihr Auto auf dem Glacis ab (Montag bis Freitag bis 18 Uhr gebührenpflichtig), einem großen Platz nordwestlich der City, die Sie von dort mit dem Bus oder zu Fuß (zehn Minuten durch den Stadtpark) erreichen. Oder Sie benutzen die kostenlosen P-&-R-Plätze am Stadtrand.

ÖFFNUNGSZEITEN VERTRAUEN

Die Luxemburger haben einen Hang zu komplizierten und wechselnden Öffnungszeiten ihrer öffentlichen Einrichtungen (Museen, Burgen etc.). Außerdem sind die offiziellen Angaben nicht immer verlässlich – deshalb ist es besser, sich vorher noch einmal zu erkundigen.

RECHTZEITIGES BUCHEN VERGESSEN

Zwischen Mai und August sollten Sie rechtzeitig ein Quartier buchen. Besonders um Echternach, Vianden und an der Mosel wird es bei schönem Wetter vor allem am Wochenende voll. In der Hauptstadt herrscht Gedränge meist unter der Woche, besonders im April, Juni und Oktober, wenn der EU-Ministerrat tagt, und während Messen und Kongressen (Mai/Juni und September/Oktober).

ZUR STOSSZEIT UNTERWEGS SEIN

160 000 Pendler fallen werktags ins Land ein. Vor allem in und um die Hauptstadt herrscht morgens zwischen 7.30 und 9 Uhr sowie nachmittags zwischen 17 und 18.30 Uhr Stau. Am Wochenende dagegen verstopfen Tanktouristen aus Deutschland und Frankreich die Grenzübergänge und Zufahrtsstraßen, vor allem bei Wasserbillig und Remich. Auch an den Tankstellen gibt es dann oft längere Schlangen.

SONNTAGS NACH LUXEMBURG-STADT

Der Sonntag ist der ruhigste Tag in der Hauptstadt. (Fast) alle Geschäfte haben geschlossen, auch die meisten Bistros und Restaurants sind zu. Wenn Sie eine Landpartie machen, haben Sie das umgekehrte Problem: Die meisten Landgasthäuser sind mittags brechend voll, ohne Reservierung hat man dann kaum eine Chance.